U0895895

甘肃经济普查年鉴

Gansu Economic Census Yearbook 2018

第三产业卷

甘肃省第四次全国经济普查领导小组办公室 编著

中国统计出版社
China Statistics Press

图书在版编目（CIP）数据

甘肃经济普查年鉴. 2018. 第三产业卷 / 甘肃省第四次全国经济普查领导小组办公室编著. -- 北京 : 中国统计出版社, 2020.12
ISBN 978-7-5037-9369-1

Ⅰ. ①甘… Ⅱ. ①甘… Ⅲ. ①经济－普查－甘肃－2018－年鉴②第三产业－经济－普查－甘肃－2018－年鉴 Ⅳ. ①F127.42-54②F264.1-54

中国版本图书馆 CIP 数据核字(2020)第 217703 号

甘肃经济普查年鉴—2018/第三产业卷

作　　者/甘肃省第四次全国经济普查领导小组办公室
责任编辑/冯燕玲
封面设计/黄俊杰　李雪燕
出版发行/中国统计出版社
通信地址/北京市丰台区西三环南路甲 6 号　邮政编码/100073
电　　话/邮购（010）63376909　书店（010）68783171
网　　址/http://www.zgtjcbs.com/
印　　刷/河北鑫兆源印刷有限公司
经　　销/新华书店
开　　本/880mm×1230mm　1/16
字　　数/564 千字
印　　张/17.75
版　　别/2020 年 12 月第 1 版
版　　次/2020 年 12 月第 1 次印刷
定　　价/780.00 元（全四册附光盘）

本书附同版本 CD-ROM 一张，光盘内容以书面文字为准。
如有印装差错，由本社发行部调换。

《第三产业卷》编辑委员会

第一篇　批发和零售业企业基本情况及财务状况篇

第二篇　住宿和餐饮业企业基本情况及财务状况篇

主　　编：何　瑛

副 主 编：李云剑　辛萃群

编辑人员：（以姓氏笔画为序）

王香云　初天威　杨小玲　苟宗胜　焦　琼　程婷婷　曹　玥

数据处理：王香云　焦　琼　程婷婷　曹　玥

校　　对：王香云　杨小玲　焦　琼　程婷婷　曹　玥

第三篇　房地产开发经营业生产经营及财务状况篇

主　　编：黄　鹏

副 主 编：路　阳　尹志雄　谭志红

编辑人员：李　艳　党　芝　伏永红　于梦楠

数据处理：于梦楠

校　　对：黄　鹏　路　阳　于梦楠

第四篇　服务业企业财务状况篇

第五篇　服务业行政事业及非企业法人单位篇

主　　编：李素芬

副 主 编：邱建安　余君萍

编辑人员：（以姓氏笔画为序）

刘娟林　杜　晖　张亚莉

数据处理：杜　晖　张贺冬

校　　对：杜　晖　刘百艳　张亚莉

第六篇　企业信息化和电子商务交易情况篇

主　　编：李素芬

副 主 编：邱建安　余君萍

编辑人员：（以姓氏笔画为序）

刘娟林　张亚莉

数据处理：刘娟林

校　　对：刘娟林　张亚莉

编者说明

为便于社会各界共同分享甘肃省第四次全国经济普查成果，更方便地开发利用普查资料，现将经济普查资料编辑整理，汇编成《甘肃经济普查年鉴—2018》一书。全书共三卷四册，即综合卷、第二产业卷和第三产业卷，并随书配送同版本光盘一张。《综合卷》分三篇：第一篇为“综合篇”，第二篇为“企业篇”，第三篇为“文化及相关产业篇”。《第二产业卷》按内容分为上、下两册。上册两篇：第一篇为“工业企业生产经营及财务状况篇”，第二篇为“主要工业产品产量篇”。下册两篇：第一篇为“规模以上工业企业科技情况篇”，第二篇为“建筑业企业生产经营及账务状况篇”。《第三产业卷》分六篇：第一篇为“批发和零售业企业基本情况及财务状况篇”，第二篇为“住宿和餐饮业企业基本情况及财务状况篇”，第三篇为“房地产开发经营业生产经营及财务状况篇”，第四篇为“服务业企业财务状况篇”，第五篇为“服务业行政事业及非企业法人单位篇”，第六篇为“企业信息化和电子商务交易情况篇”。为使读者能够更好地使用本资料，现对有关问题做如下说明：

一、第四次全国经济普查的标准时点为 2018 年 12 月 31 日，时期资料为 2018 年度；

二、综合卷中综合篇和企业篇汇总表，均不包含少量无分组标识的单位数据，其中单位数包含兼营二、三产业的农、林、牧、渔业法人单位，从业人员数不包含兼营二、三产业的农、林、牧、渔业法人单位，不包含人民银行、银保监会、证监会监管的金融业以及铁路运输部门单位数据；

三、本资料建筑业按法人单位注册地，其他行业按法人单位经营地进行汇总；

四、本资料对部分数据由于计量单位取舍不同或四舍五入而产生的误差数均未作机械调整；

五、表中空格表示该项统计指标数值为零、不足最小单位、数据不详或无该项数据，“#”表示其中的主要项；

六、为了更准确地使用本年鉴，每卷后附有该卷详细的指标解释。

我们希望此书的面世，能使社会各界对甘肃省第四次全国经济普查有一个全面的了解，更愿本书的内容，能为社会经济研究工作者提供有价值的参考。

甘肃省第四次全国经济普查资料是全省普查工作者共同辛勤工作的成果，也是广大普查对象积极支持配合的结果。在此，我们向全省所有普查工作者、普查对象和所有参与和支持普查工作的人员致以崇高的敬意和衷心的感谢！

甘肃省第四次全国经济普查领导小组办公室
2020 年 7 月

第三产业卷　目录

第一篇　批发和零售业企业基本情况及财务状况篇

A.行业部分

1-A-1　批发业法人企业基本情况……3
1-A-2　限额以上批发业法人企业基本情况……6
1-A-3　批发业法人企业财务状况……9
1-A-4　限额以上批发业法人企业财务状况……12
1-A-5　零售业法人企业基本情况……15
1-A-6　限额以上零售业法人企业基本情况……18
1-A-7　零售业法人企业财务状况……21
1-A-8　限额以上零售业法人企业财务状况……24

B.地区部分

1-B-1　分地区批发业法人企业基本情况……27
1-B-2　分地区批发业法人企业基本情况(按国民经济行业分)……27
1-B-3　分地区批发业法人企业基本情况(按登记注册类型分)……32
1-B-4　分地区批发业法人企业财务状况……37
1-B-5　分地区批发业法人企业财务状况(按国民经济行业分)……38
1-B-6　分地区批发业法人企业财务状况(按登记注册类型分)……42
1-B-7　分地区零售业法人企业基本情况……48
1-B-8　分地区零售业法人企业基本情况(按国民经济行业分)……48
1-B-9　分地区零售业法人企业基本情况(按登记注册类型分)……53
1-B-10　分地区零售业法人企业基本情况(按零售业态分)……58
1-B-11　分地区零售业法人企业财务状况……68
1-B-12　分地区零售业法人企业财务状况(按国民经济行业分)……69
1-B-13　分地区零售业法人企业财务状况(按登记注册类型分)……73
1-B-14　分地区零售业法人企业财务状况(按零售业态分)……79

第二篇　住宿和餐饮业企业基本情况及财务状况篇

A.行业部分

2-A-1　住宿业法人企业基本情况……91
2-A-2　限额以上住宿业法人企业基本情况……92
2-A-3　住宿业法人企业财务状况……93
2-A-4　限额以上住宿业法人企业财务状况……94

2-A-5 餐饮业法人企业基本情况……95
2-A-6 限额以上餐饮业法人企业基本情况……96
2-A-7 餐饮业法人企业财务状况……97
2-A-8 限额以上餐饮业法人企业财务状况……98
B.地区部分
2-B-1 分地区住宿业法人企业基本情况……99
2-B-2 分地区住宿业法人企业基本情况(按国民经济行业分)……99
2-B-3 分地区住宿业法人企业基本情况(按登记注册类型分)……102
2-B-4 分地区住宿业法人企业基本情况(按星级分)……107
2-B-5 分地区住宿业法人企业财务状况……110
2-B-6 分地区住宿业法人企业财务状况(按国民经济行业分)……111
2-B-7 分地区住宿业法人企业财务状况(按登记注册类型分)……113
2-B-8 分地区住宿业法人企业财务状况(按星级分)……119
2-B-9 分地区餐饮业法人企业基本情况……122
2-B-10 分地区餐饮业法人企业基本情况(按国民经济行业分)……122
2-B-11 分地区餐饮业法人企业基本情况(按登记注册类型分)……125
2-B-12 分地区餐饮业法人企业财务状况……130
2-B-13 分地区餐饮业法人企业财务状况(按国民经济行业分)……130
2-B-14 分地区餐饮业法人企业财务状况(按登记注册类型分)……133

第三篇 房地产开发经营业生产经营及财务状况篇

3-1 各地区按登记注册类型分房地产开发企业个数……140
3-2 各地区按登记注册类型分房地产开发企业年末从业人数……142
3-3 各地区按登记注册类型分房地产开发企业资产总计……144
3-4 房地产开发企业主要指标情况……146
3-5 各地区按资质等级分房地产开发企业个数……147
3-6 各地区按资质等级分房地产开发企业年末从业人数……147
3-7 各地区按资质等级分房地产开发企业资产总计……148
3-8 各地区按用途分房地产开发企业房屋施工面积……148
3-9 各地区按资质等级分房地产开发企业房屋施工面积……149
3-10 各地区按用途分房地产开发企业房屋新开工面积……149
3-11 各地区按资质等级分房地产开发企业房屋新开工面积……150
3-12 各地区按用途分房地产开发企业房屋竣工面积……150
3-13 各地区按资质等级分房地产开发企业房屋竣工面积……151
3-14 各地区按用途分房地产开发企业房屋竣工价值……151
3-15 各地区按资质等级分房地产开发企业房屋竣工价值……152
3-16 各地区房地产开发企业建造的房屋面积和造价……152
3-17 各地区按用途分房地产开发企业商品房销售面积……153
3-18 各地区按资质等级分房地产开发企业商品房销售面积……153
3-19 各地区按用途分房地产开发企业商品房期房销售面积……154

3-20 各地区按用途分房地产开发企业房屋出租面积……154
3-21 各地区按用途分房地产开发企业商品房销售额……155
3-22 各地区按资质等级分房地产开发企业商品房销售额……155
3-23 各地区房地产开发企业商品房待售情况……156
3-24 各地区按用途分房地产开发企业商品房待售面积……156
3-25 各地区房地产开发企业土地开发及其购置情况……157
3-26 各地区房地产开发企业主营业务收入及其构成……157
3-27 各地区按登记注册类型分房地产开发企业主营业务收入……158
3-28 各地区按登记注册类型分房地产开发企业负债合计……160

第四篇 服务业企业财务状况篇

4-1 服务业法人单位基本情况……165
4-2 交通运输、仓储和邮政业企业法人单位主要指标……166
4-3 交通运输、仓储和邮政业企业法人单位分地区主要指标……167
4-4 交通运输、仓储和邮政业企业法人单位分登记注册类型主要指标……167
4-5 信息传输、软件和信息技术服务业企业法人单位主要指标……168
4-6 信息传输、软件和信息技术服务业企业法人单位分地区主要指标……168
4-7 信息传输、软件和信息技术服务业企业法人单位分登记注册类型主要指标……169
4-8 金融业企业法人单位主要指标……169
4-9 房地产业企业法人单位主要指标……170
4-10 房地产企业法人单位分地区主要指标……170
4-11 房地产业企业法人单位分登记注册类型主要指标……171
4-12 租赁和商务服务业企业法人单位主要指标……171
4-13 租赁和商务服务业企业法人单位分地区主要指标……172
4-14 租赁和商务服务业企业法人单位分登记注册类型主要指标……172
4-15 科学研究和技术服务业企业法人单位主要指标……173
4-16 科学研究和技术服务业企业法人单位分地区主要指标……174
4-17 科学研究和技术服务业企业法人单位分登记注册类型主要指标……174
4-18 水利、环境和公共设施管理业企业法人单位主要指标……175
4-19 水利、环境和公共设施管理业企业法人单位分地区主要指标……176
4-20 水利、环境和公共设施管理业企业法人单位分登记注册类型主要指标……176
4-21 居民服务、修理和其他服务业企业法人单位主要指标……177
4-22 居民服务、修理和其他服务业企业法人单位分地区主要指标……177
4-23 居民服务、修理和其他服务业企业法人单位分登记注册类型主要指标……178
4-24 教育企业法人单位主要指标……178
4-25 教育企业法人单位分地区主要指标……179
4-26 教育企业法人单位分登记注册类型主要指标……179
4-27 卫生和社会工作企业法人单位主要指标……180
4-28 卫生和社会工作企业法人单位分地区主要指标……180
4-29 卫生和社会工作企业法人单位分登记注册类型主要指标……181

4-30 文化、体育和娱乐业企业法人单位主要指标……182
4-31 文化、体育和娱乐业企业法人单位分地区主要指标……183
4-32 文化、体育和娱乐业企业法人单位分登记注册类型主要指标……183
4-33 国有控股企业分行业主要指标……184
4-34 非公有控股企业分行业主要指标……185
4-35 规模以上交通运输、仓储和邮政业企业法人单位主要指标……186
4-36 规模以上信息传输、软件和信息技术服务业企业法人单位主要指标……188
4-37 规模以上物业管理、房地产中介服务业、房地产租赁经营和其他房地产业企业法人单位主要指标……190
4-38 规模以上租赁和商务服务业企业法人单位主要指标……190
4-39 规模以上科学研究和技术服务业企业法人单位主要指标……192
4-40 规模以上水利、环境和公共设施管理业企业法人单位主要指标……194
4-41 规模以上居民服务、修理和其他服务业企业法人单位主要指标……196
4-42 规模以上教育企业法人单位分行业主要指标……198
4-43 规模以卫生和社会工作企业法人单位分行业主要指标……198
4-44 规模以上文化、体育和娱乐业法人单位主要指标……200

第五篇 服务业行政事业及非企业法人单位篇

5-1 服务业行政事业及非企业法人单位分行业主要指标……205
5-2 交通运输、仓储和邮政业行政事业及非企业法人单位分地区主要指标……208
5-3 信息传输、软件和信息技术服务业行政事业及非企业法人单位分地区主要指标……208
5-4 租赁和商务服务业行政事业及非企业法人单位分地区主要指标……209
5-5 科学研究和技术服务业行政事业及非企业法人单位分地区主要指标……209
5-6 水利、环境和公共设施管理业行政事业及非企业法人单位分地区主要指标……210
5-7 居民服务、修理和其他服务业行政事业及非企业法人单位分地区主要指标……210
5-8 教育行政事业及非企业法人单位分地区主要指标……211
5-9 卫生和社会工作行政事业及非企业法人单位分地区主要指标……211
5-10 文化、体育和娱乐业行政事业及非企业法人单位分地区主要指标……212
5-11 公共管理、社会保障和社会组织行政事业及非企业法人单位分地区主要指标……212

第六篇 企业信息化和电子商务交易情况篇

6-1 分行业企业使用计算机情况……215
6-2 分地区企业使用计算机情况……217
6-3 分行业企业信息化管理情况……218
6-4 分地区企业信息化管理情况……224
6-5 分行业企业使用网络情况……226
6-6 分地区企业使用网络情况……232
6-7 分行业企业建网站情况……233
6-8 分地区企业建网站情况……235

6-9　分行业企业通过互联网开展活动情况……236
6-10　分地区企业通过互联网开展活动情况……248
6-11　分行业企业互联网宣传和推广情况……250
6-12　分地区企业互联网宣传和推广情况……256
6-13　分行业企业开展电子商务交易情况……258
6-14　分地区企业开展电子商务交易情况……264

附　录

主要指标解释……269

第1篇

批发和零售业企业基本情况及财务状况篇

A. 行业部分

1-A-1　批发业法人企业基本情况

分　　组	法人单位数 (个)	从业人员期末人数 (人)
批发业	**27892**	**151752**
按国民经济行业分组		
农、林、牧、渔产品批发	3592	16017
谷物、豆及薯类批发	771	3080
种子批发	419	2677
畜牧渔业饲料批发	172	542
棉、麻批发	12	132
林业产品批发	352	1387
牲畜批发	294	1266
渔业产品批发	14	37
其他农牧产品批发	1558	6896
食品、饮料及烟草制品批发	4491	33981
米、面制品及食用油批发	321	2762
糕点、糖果及糖批发	29	369
果品、蔬菜批发	1861	12831
肉、禽、蛋、奶及水产品批发	394	3187
盐及调味品批发	165	1765
营养和保健品批发	87	401
酒、饮料及茶叶批发	703	5279
烟草制品批发	36	3452
其他食品批发	895	3935
纺织、服装及家庭用品批发	1655	8065
纺织品、针织品及原料批发	122	520
服装批发	231	2003
鞋帽批发	26	165
化妆品及卫生用品批发	188	918
厨具卫具及日用杂品批发	440	1422
灯具、装饰物品批发	131	401
家用视听设备批发	55	197
日用家电批发	215	1206
其他家庭用品批发	247	1233
文化、体育用品及器材批发	930	3873
文具用品批发	475	1418
体育用品及器材批发	75	314
图书批发	187	1190
报刊批发	2	21

1-A-1 续表 1

分　组	法人单位数 (个)	从业人员期末人数 (人)
音像制品、电子和数字出版物批发		
首饰、工艺品及收藏品批发	98	640
乐器批发	7	21
其他文化用品批发	86	269
医药及医疗器材批发	1824	19931
西药批发	184	9134
中药批发	710	5533
动物用药品批发	66	180
医疗用品及器材批发	864	5084
矿产品、建材及化工产品批发	9144	43212
煤炭及制品批发		
石油及制品批发	222	5017
非金属矿及制品批发	156	785
金属及金属矿批发	1234	6377
建材批发	4587	18032
化肥批发	1313	4736
农药批发	231	710
农用薄膜批发	36	714
其他化工产品批发	593	3070
机械设备、五金产品及电子产品批发	4472	19820
农业机械批发	514	2180
汽车及零配件批发	323	1945
摩托车及零配件批发	19	113
五金产品批发	1138	3418
电气设备批发	453	1572
计算机、软件及辅助设备批发	403	1659
通讯设备批发	162	1348
广播影视设备批发	9	136
其他机械设备及电子产品批发	1451	7449
贸易经纪与代理	250	792
贸易代理	187	547
一般物品拍卖	26	147
艺术品、收藏品拍卖	4	10
艺术品代理	2	12
其他贸易经纪与代理	31	76
其他批发业	1534	6061
再生物资回收与批发	509	2462

1-A-1　续表 2

分　　组	法人单位数(个)	从业人员期末人数(人)
宠物食品用品批发	6	16
互联网批发	20	49
其他未列明批发业	999	3534
按登记注册类型分组		
内资企业	27874	151255
国有企业	69	4705
集体企业	144	1168
股份合作企业	16	229
联营企业	17	54
国有联营企业	3	22
集体联营企业	3	7
国有与集体联营企业	5	12
其他联营企业	6	13
有限责任公司	5138	37250
国有独资公司	56	1878
其他有限责任公司	5082	35372
股份有限公司	397	6536
私营企业	18612	87347
私营独资企业	912	2989
私营合伙企业	34	220
私营有限责任公司	17074	79893
私营股份有限公司	592	4245
其他企业	3481	13966
港、澳、台商投资企业	6	185
与港澳台商合资经营企业	1	12
与港澳台商合作经营企业		
港澳台商独资经营企业	4	15
港澳台商投资股份有限公司		
其他港澳台投资企业	1	158
外商投资企业	12	312
中外合资经营企业		
中外合作经营企业	2	3
外资企业	3	298
外商投资股份有限公司		
其他外商投资	7	11

1-A-2　限额以上批发业法人企业基本情况

分　　组	法人单位数（个）	从业人员期末人数（人）
批发业	**636**	**33584**
按国民经济行业分组		
农、林、牧、渔产品批发	35	693
谷物、豆及薯类批发	12	253
种子批发	7	177
畜牧渔业饲料批发	4	77
棉、麻批发		
林业产品批发		
牲畜批发	3	92
渔业产品批发		
其他农牧产品批发	9	94
食品、饮料及烟草制品批发	125	10835
米、面制品及食用油批发	15	632
糕点、糖果及糖批发	2	39
果品、蔬菜批发	48	2234
肉、禽、蛋、奶及水产品批发	11	1541
盐及调味品批发	2	913
营养和保健品批发		
酒、饮料及茶叶批发	27	1950
烟草制品批发	15	3343
其他食品批发	5	183
纺织、服装及家庭用品批发	22	1679
纺织品、针织品及原料批发		
服装批发	7	789
鞋帽批发	1	29
化妆品及卫生用品批发	3	160
厨具卫具及日用杂品批发		
灯具、装饰物品批发		
家用视听设备批发	2	36
日用家电批发	7	329
其他家庭用品批发	2	336
文化、体育用品及器材批发	15	847
文具用品批发	2	44
体育用品及器材批发	1	78
图书批发	4	439
报刊批发		
音像制品、电子和数字出版物批发		
首饰、工艺品及收藏品批发	8	286

1-A-2　续表 1

分　组	法人单位数 (个)	从业人员期末人数 (人)
乐器批发		
其他文化用品批发		
医药及医疗器材批发	105	7615
西药批发	65	6195
中药批发	25	1047
动物用药品批发		
医疗用品及器材批发	15	373
矿产品、建材及化工产品批发	255	8051
煤炭及制品批发	26	526
石油及制品批发	30	3349
非金属矿及制品批发	10	226
金属及金属矿批发	91	1730
建材批发	39	900
化肥批发	24	670
农药批发	1	32
农用薄膜批发		
其他化工产品批发	34	618
机械设备、五金产品及电子产品批发	72	3675
农业机械批发	5	141
汽车及零配件批发	16	737
摩托车及零配件批发	1	13
五金产品批发	4	35
电气设备批发	1	31
计算机、软件及辅助设备批发	6	167
通讯设备批发	14	672
广播影视设备批发	2	102
其他机械设备及电子产品批发	23	1777
贸易经纪与代理		
贸易代理		
一般物品拍卖		
艺术品、收藏品拍卖		
艺术品代理		
其他贸易经纪与代理		
其他批发业	7	189
再生物资回收与批发	3	137
宠物食品用品批发		
互联网批发		
其他未列明批发业	4	52

注：NA表示单位个数小于或等于3，下表同。

1-A-2 续表 2

分组	法人单位数(个)	从业人员期末人数(人)
按登记注册类型分组		
内资企业	634	33360
国有企业	22	4109
集体企业	3	26
股份合作企业	2	77
联营企业		
国有联营企业		
集体联营企业		
国有与集体联营企业		
其他联营企业		
有限责任公司	227	11844
国有独资公司	20	976
其他有限责任公司	207	10868
股份有限公司	22	3054
私营企业	356	14228
私营独资企业	3	112
私营合伙企业		
私营有限责任公司	331	12821
私营股份有限公司	22	1295
其他企业	2	22
港、澳、台商投资企业	1	158
与港澳台商合资经营企业		
与港澳台商合作经营企业		
港澳台商独资经营企业		
港澳台商投资股份有限公司		
其他港澳台投资企业	1	158
外商投资企业	1	66
中外合资经营企业		
中外合作经营企业		
外资企业	1	66
外商投资股份有限公司		
其他外商投资		
按单位规模分组		
大型	25	8998
中型	221	17088
小型	345	7131
微型	45	367

1-A-3　批发业法人企业财务状况

单位：亿元

分　　组	资产总计	负债合计	营业收入
批发业	**2593.79**	**1368.99**	**5272.86**
按国民经济行业分组			
农、林、牧、渔产品批发	198.92	74.69	94.75
谷物、豆及薯类批发	27.56	15.92	18.42
种子批发	35.98	16.65	16.70
畜牧渔业饲料批发	5.27	2.67	13.38
棉、麻批发	2.35	0.27	0.11
林业产品批发	35.27	4.05	3.78
牲畜批发	21.99	8.89	5.36
渔业产品批发	0.30	0.03	0.07
其他农牧产品批发	70.19	26.22	36.92
食品、饮料及烟草制品批发	341.19	130.75	400.52
米、面制品及食用油批发	27.72	16.51	26.79
糕点、糖果及糖批发	0.98	0.65	2.91
果品、蔬菜批发	122.78	51.84	73.73
肉、禽、蛋、奶及水产品批发	27.87	16.90	17.51
盐及调味品批发	10.36	2.59	4.11
营养和保健品批发	2.32	1.82	1.25
酒、饮料及茶叶批发	59.33	19.33	58.33
烟草制品批发	63.10	4.20	193.88
其他食品批发	26.72	16.92	22.00
纺织、服装及家庭用品批发	48.92	22.60	49.25
纺织品、针织品及原料批发	2.63	1.10	1.58
服装批发	10.89	6.96	16.47
鞋帽批发	1.51	1.23	1.90
化妆品及卫生用品批发	3.72	2.08	5.37
厨具卫具及日用杂品批发	9.96	2.13	4.03
灯具、装饰物品批发	3.32	1.11	2.09
家用视听设备批发	1.35	0.64	3.20
日用家电批发	7.70	3.55	9.09
其他家庭用品批发	7.85	3.80	5.53
文化、体育用品及器材批发	55.21	25.86	43.41
文具用品批发	8.09	2.79	6.80
体育用品及器材批发	5.96	1.70	2.10
图书批发	27.52	15.70	15.05
报刊批发	0.60	0.36	0.12

1-A-3 续表 1 单位：亿元

分组	资产总计	负债合计	营业收入
音像制品、电子和数字出版物批发			
首饰、工艺品及收藏品批发	11.88	4.92	18.47
乐器批发	0.05	0.02	0.10
其他文化用品批发	1.11	0.37	0.77
医药及医疗器材批发	303.62	190.08	274.04
西药批发	159.17	114.05	179.26
中药批发	89.38	47.09	48.03
动物用药品批发	0.37	0.30	0.43
医疗用品及器材批发	54.69	28.64	46.33
矿产品、建材及化工产品批发	1370.66	767.63	4101.70
煤炭及制品批发	216.08	77.71	121.12
石油及制品批发	247.55	87.68	2216.67
非金属矿及制品批发	21.43	15.46	16.96
金属及金属矿批发	486.95	381.29	1276.94
建材批发	269.05	127.44	243.13
化肥批发	53.11	28.80	42.22
农药批发	3.57	1.57	2.63
农用薄膜批发	9.41	7.07	0.90
其他化工产品批发	63.50	40.60	181.14
机械设备、五金产品及电子产品批发	216.89	128.02	272.92
农业机械批发	15.91	6.27	13.62
汽车及零配件批发	39.40	32.33	40.23
摩托车及零配件批发	0.56	0.26	1.15
五金产品批发	32.40	21.12	25.07
电气设备批发	17.33	9.42	9.13
计算机、软件及辅助设备批发	12.73	4.90	16.57
通讯设备批发	18.62	12.49	45.06
广播影视设备批发	1.89	1.45	2.55
其他机械设备及电子产品批发	78.05	39.79	119.53
贸易经纪与代理	5.84	3.70	2.31
贸易代理	4.39	3.19	1.85
一般物品拍卖	0.92	0.29	0.27
艺术品、收藏品拍卖	0.02	0.00	0.01
艺术品代理	0.20	0.00	0.02
其他贸易经纪与代理	0.31	0.23	0.17
其他批发业	52.55	25.65	33.96
再生物资回收与批发	14.39	7.49	6.22

1-A-3　续表 2　　单位：亿元

分　　组	资产总计	负债合计	营业收入
宠物食品用品批发	0.05	0.00	0.01
互联网批发	0.31	0.18	0.16
其他未列明批发业	37.80	17.98	27.57
按登记注册类型分组			
内资企业	2590.70	1366.10	5263.77
国有企业	89.90	23.35	256.09
集体企业	7.86	4.45	3.70
股份合作企业	2.68	1.01	2.70
联营企业	0.59	0.38	0.11
国有联营企业	0.33	0.21	0.03
集体联营企业	0.09	0.09	0.00
国有与集体联营企业	0.08	0.05	0.05
其他联营企业	0.09	0.04	0.02
有限责任公司	990.58	565.07	2173.43
国有独资公司	173.72	114.28	1110.77
其他有限责任公司	816.85	450.80	1062.66
股份有限公司	265.91	89.59	1635.11
私营企业	1180.11	671.88	1158.01
私营独资企业	10.46	2.76	6.40
私营合伙企业	0.93	0.29	0.68
私营有限责任公司	1073.78	625.55	1076.27
私营股份有限公司	94.93	43.28	74.66
其他企业	53.08	10.38	34.63
港、澳、台商投资企业	0.71	0.36	2.10
与港澳台商合资经营企业	0.14	0.04	0.16
与港澳台商合作经营企业			
港澳台商独资经营企业	0.09	0.03	0.13
港澳台商投资股份有限公司			
其他港澳台投资企业	0.47	0.29	1.81
外商投资企业	2.38	2.53	6.99
中外合资经营企业			
中外合作经营企业	0.00	0.00	0.01
外资企业	2.35	2.53	6.98
外商投资股份有限公司			
其他外商投资	0.03	0.00	0.01

1-A-4 限额以上批发业法人企业财务状况

单位：亿元

分　组	资产总计	负债合计	营业收入
批发业	**1201.91**	**667.84**	**4177.80**
按国民经济行业分组			
农、林、牧、渔产品批发	24.99	14.69	25.75
谷物、豆及薯类批发	6.60	5.01	7.31
种子批发	4.01	1.97	2.09
畜牧渔业饲料批发	1.66	0.98	8.92
棉、麻批发			
林业产品批发			
牲畜批发	10.28	5.55	2.51
渔业产品批发			
其他农牧产品批发	2.43	1.19	4.92
食品、饮料及烟草制品批发	165.50	67.72	287.27
米、面制品及食用油批发	8.80	7.04	7.65
糕点、糖果及糖批发	0.55	0.57	1.81
果品、蔬菜批发	46.69	26.60	34.43
肉、禽、蛋、奶及水产品批发	19.17	13.02	12.04
盐及调味品批发	7.34	1.90	1.88
营养和保健品批发			
酒、饮料及茶叶批发	15.44	9.90	31.51
烟草制品批发	62.47	4.01	193.35
其他食品批发	5.05	4.69	4.61
纺织、服装及家庭用品批发	10.42	7.62	20.79
纺织品、针织品及原料批发			
服装批发			
鞋帽批发			
化妆品及卫生用品批发	1.11	0.89	2.88
厨具卫具及日用杂品批发			
灯具、装饰物品批发			
家用视听设备批发	0.30	0.25	2.09
日用家电批发	1.72	1.34	3.73
其他家庭用品批发	2.19	0.81	1.99
文化、体育用品及器材批发	28.98	18.11	31.12
文具用品批发	0.15	-0.18	1.34
体育用品及器材批发	0.70	0.69	0.85
图书批发	22.81	14.24	11.91
报刊批发			
音像制品、电子和数字出版物批发			
首饰、工艺品及收藏品批发	5.32	3.36	17.03

1-A-4　续表 1　　　　单位：亿元

分　　组	资产总计	负债合计	营业收入
乐器批发			
其他文化用品批发			
医药及医疗器材批发	151.53	107.12	180.21
西药批发	125.38	90.54	143.42
中药批发	19.17	12.21	26.43
动物用药品批发			
医疗用品及器材批发	6.97	4.37	10.36
矿产品、建材及化工产品批发	756.18	400.50	3463.05
煤炭及制品批发	145.47	39.74	73.78
石油及制品批发	212.43	73.84	1998.16
非金属矿及制品批发	10.72	7.74	7.85
金属及金属矿批发	239.81	195.39	1121.50
建材批发	96.78	44.85	92.11
化肥批发	19.86	15.69	23.57
农药批发	0.85	0.58	0.22
农用薄膜批发			
其他化工产品批发	30.26	22.68	145.86
机械设备、五金产品及电子产品批发	60.27	50.84	166.87
农业机械批发	1.89	1.02	1.73
汽车及零配件批发	27.25	25.51	28.98
摩托车及零配件批发	0.08	0.06	0.43
五金产品批发	0.99	0.49	1.91
电气设备批发	0.38	0.34	0.92
计算机、软件及辅助设备批发	1.68	0.66	3.82
通讯设备批发	9.18	7.18	39.32
广播影视设备批发	1.42	1.22	2.00
其他机械设备及电子产品批发	17.40	14.35	87.75
贸易经纪与代理			
贸易代理			
一般物品拍卖			
艺术品、收藏品拍卖			
艺术品代理			
其他贸易经纪与代理			
其他批发业	4.03	1.23	2.73
再生物资回收与批发	1.14	0.36	0.99
宠物食品用品批发			
互联网批发			
其他未列明批发业	2.89	0.86	1.74

1-A-4 续表 2 单位：亿元

分 组	资产总计	负债合计	营业收入
按登记注册类型分组			
内资企业	1201.15	667.27	4175.00
国有企业	77.76	15.32	249.70
集体企业	0.63	0.62	1.30
股份合作企业	1.94	0.88	2.27
联营企业			
国有联营企业			
集体联营企业			
国有与集体联营企业			
其他联营企业			
有限责任公司	528.62	313.81	1720.77
国有独资公司	145.52	106.96	910.97
其他有限责任公司	383.10	206.84	809.80
股份有限公司	231.52	68.86	1622.28
私营企业	360.44	267.63	578.00
私营独资企业	0.24	0.09	0.68
私营合伙企业			
私营有限责任公司	320.59	248.74	528.72
私营股份有限公司	39.62	18.81	48.60
其他企业	0.22	0.15	0.67
港、澳、台商投资企业	0.47	0.29	1.81
与港澳台商合资经营企业			
与港澳台商合作经营企业			
港澳台商独资经营企业			
港澳台商投资股份有限公司			
其他港澳台投资企业	0.47	0.29	1.81
外商投资企业	0.29	0.29	0.99
中外合资经营企业			
中外合作经营企业			
外资企业	0.29	0.29	0.99
外商投资股份有限公司			
其他外商投资			
按单位规模分组			
大型	155.16	78.52	367.84
中型	798.34	400.56	2964.43
小型	201.88	146.27	814.33
微型	46.53	42.49	31.19

1-A-5　零售业法人企业基本情况

分　　组	法　人 单位数 (个)	从业人员 期末人数 (人)	年末零售 营业面积 (万平方米)
零售业	**30311**	**171720**	**1110.8**
按国民经济行业分组			
综合零售	3616	36681	255.0
百货零售	2875	22103	176.8
超级市场零售	140	11823	65.4
便利店零售	33	693	1.1
其他综合零售	568	2062	11.8
食品、饮料及烟草制品专门零售	3947	17184	121.4
粮油零售	346	1646	18.8
糕点、面包零售	88	805	1.4
果品、蔬菜零售	697	4138	50.7
肉、禽、蛋、奶及水产品零售	610	1854	22.0
营养和保健品零售	215	660	1.5
酒、饮料及茶叶零售	609	2752	6.9
烟草制品零售	356	1354	3.4
其他食品零售	1026	3975	16.6
纺织、服装及日用品专门零售	2018	9729	55.9
纺织品及针织品零售	206	602	2.5
服装零售	528	4298	39.5
鞋帽零售	52	351	1.0
化妆品及卫生用品零售	234	905	1.7
厨具卫具及日用杂品零售	148	448	1.7
钟表、眼镜零售	420	1652	3.7
箱包零售	15	37	0.1
自行车等代步设备零售	104	301	1.3
其他日用品零售	311	1135	4.4
文化、体育用品及器材专门零售	1881	6621	26.4
文具用品零售	736	1979	5.5
体育用品及器材零售	138	457	1.6
图书、报刊零售	184	1074	4.5
音像制品、电子和数字出版物零售	13	36	0.1
珠宝首饰零售	161	959	2.7
工艺美术品及收藏品零售	361	1223	8.6
乐器零售	91	254	1.1
照相器材零售	12	72	0.2
其他文化用品零售	185	567	2.1

1-A-5 续表 1

分 组	法 人 单位数 (个)	从业人员 期末人数 (人)	年末零售 营业面积 (万平方米)
医药及医疗器材专门零售	2947	21780	55.4
西药零售	1664	17561	42.2
中药零售	288	1395	2.9
动物用药品零售	424	881	5.2
医疗用品及器材零售	546	1866	5.1
保健辅助治疗器材零售	25	77	0.2
汽车、摩托车、零配件和燃料及其他动力销售	3560	33709	274.0
汽车新车零售	1608	20248	136.1
汽车旧车零售	659	1606	17.2
汽车零配件零售	764	2955	18.4
摩托车及零配件零售	146	483	2.4
机动车燃油零售	303	7449	78.2
机动车燃气零售	71	941	21.6
机动车充电销售	9	27	0.1
家用电器及电子产品专门零售	3830	15226	51.7
家用视听设备零售	90	476	1.9
日用家电零售	892	4794	29.8
计算机、软件及辅助设备零售	1409	4615	8.3
通信设备零售	455	2274	4.5
其他电子产品零售	984	3067	7.2
五金、家具及室内装饰材料专门零售	5255	18462	167.2
五金零售	1728	5174	23.7
灯具零售	145	513	2.4
家具零售	746	3928	60.0
涂料零售	59	166	1.6
卫生洁具零售	143	408	2.7
木质装饰材料零售	157	530	3.5
陶瓷、石材装饰材料零售	318	1202	11.9
其他室内装饰材料零售	1959	6541	61.4
货摊、无店铺及其他零售业	3257	12328	103.8
流动货摊零售	1	2	0.0
互联网零售	529	1699	3.7
邮购及电视、电话零售	1	13	0.0
自动售货机零售	7	10	0.0
旧货零售	8	12	0.4

1-A-5　续表 2

分　　组	法　人 单位数 (个)	从业人员 期末人数 (人)	年末零售 营业面积 (万平方米)
生活用燃料零售	515	2575	55.1
宠物食品用品零售	14	42	0.1
其他未列明零售业	2182	7975	44.5
按登记注册类型分组			
内资企业	30299	170148	1088.5
国有企业	61	1363	1.8
集体企业	179	1625	10.3
股份合作企业	19	176	2.0
联营企业	31	128	0.6
国有联营企业	4	42	0.1
集体联营企业	17	62	0.2
国有与集体联营企业	1		0.0
其他联营企业	9	24	0.2
有限责任公司	7512	58127	383.2
国有独资公司	34	1207	14.6
其他有限责任公司	7478	56920	368.6
股份有限公司	680	9899	87.4
私营企业	20708	94509	566.0
私营独资企业	2385	7363	55.5
私营合伙企业	64	274	2.6
私营有限责任公司	17681	83901	492.8
私营股份有限公司	578	2971	15.1
其他企业	1109	4321	37.1
港、澳、台商投资企业	6	813	18.9
与港澳台商合资经营企业	1	1	0.0
与港澳台商合作经营企业			
港澳台商独资经营企业	2	354	16.3
港澳台商投资股份有限公司	2	77	1.7
其他港澳台投资企业	1	381	0.8
外商投资企业	6	759	3.5
中外合资经营企业	1	5	0.0
中外合作经营企业			
外资企业	1	600	2.0
外商投资股份有限公司			
其他外商投资	4	154	1.4

1-A-6 限额以上零售业法人企业基本情况

分　组	法　人 单位数 (个)	从业人员 期末人数 (人)	年末零售 营业面积 (万平方米)
零售业	**941**	**59345**	**394.1**
按国民经济行业分组			
综合零售	184	19953	142.7
百货零售	94	9012	88.2
超级市场零售	80	10265	53.0
便利店零售	5	576	0.6
其他综合零售	5	100	0.8
食品、饮料及烟草制品专门零售	89	3322	11.4
粮油零售	12	383	0.9
糕点、面包零售	3	290	0.2
果品、蔬菜零售	28	1221	7.4
肉、禽、蛋、奶及水产品零售	7	150	0.4
营养和保健品零售	1	54	0.2
酒、饮料及茶叶零售	20	625	1.0
烟草制品零售	9	416	0.6
其他食品零售	9	183	0.9
纺织、服装及日用品专门零售	33	2257	22.1
纺织品及针织品零售	1	7	0.0
服装零售	21	1337	20.9
鞋帽零售	2	123	0.3
化妆品及卫生用品零售	4	265	0.2
厨具卫具及日用杂品零售	1	50	0.0
钟表、眼镜零售	2	449	0.6
箱包零售			
自行车等代步设备零售			
其他日用品零售	2	26	0.1
文化、体育用品及器材专门零售	28	634	2.6
文具用品零售	2	73	0.2
体育用品及器材零售	2	37	0.0
图书、报刊零售	4	219	1.4
音像制品、电子和数字出版物零售			
珠宝首饰零售	9	133	0.5
工艺美术品及收藏品零售	7	138	0.3
乐器零售	3	22	0.1
照相器材零售	1	12	0.0
其他文化用品零售			
医药及医疗器材专门零售	59	10262	25.7

1-A-6　续表 1

分　组	法　人 单位数 (个)	从业人员 期末人数 (人)	年末零售 营业面积 (万平方米)
西药零售	52	9928	25.2
中药零售	6	304	0.5
动物用药品零售			
医疗用品及器材零售	1	30	0.0
保健辅助治疗器材零售			
汽车、摩托车、零配件和燃料及其他动力销售	376	17552	141.2
汽车新车零售	295	11143	67.4
汽车旧车零售			
汽车零配件零售	8	192	0.1
摩托车及零配件零售	3	65	0.1
机动车燃油零售	55	5860	61.7
机动车燃气零售	15	292	11.7
机动车充电销售			
家用电器及电子产品专门零售	93	2987	19.0
家用视听设备零售	7	169	0.6
日用家电零售	39	1536	16.2
计算机、软件及辅助设备零售	29	613	0.5
通信设备零售	10	551	1.4
其他电子产品零售	8	118	0.2
五金、家具及室内装饰材料专门零售	35	1231	25.9
五金零售	6	67	0.3
灯具零售			
家具零售	18	1043	25.0
涂料零售	1	10	0.0
卫生洁具零售			
木质装饰材料零售	3	29	0.1
陶瓷、石材装饰材料零售	3	30	0.2
其他室内装饰材料零售	4	52	0.4
货摊、无店铺及其他零售业	44	1147	3.7
流动货摊零售			
互联网零售	18	323	0.6
邮购及电视、电话零售	1	13	0.0
自动售货机零售			
旧货零售			
生活用燃料零售	12	454	1.5
宠物食品用品零售			
其他未列明零售业	13	357	1.6

1-A-6 续表 2

分组	法人单位数(个)	从业人员期末人数(人)	年末零售营业面积(万平方米)
按登记注册类型分组			
内资企业	935	57788	371.9
国有企业	10	728	0.8
集体企业	10	280	1.7
股份合作企业	1	79	0.4
联营企业	1	8	0.2
国有联营企业			
集体联营企业			
国有与集体联营企业			
其他联营企业	1	8	0.2
有限责任公司	363	28905	174.3
国有独资公司	5	764	13.7
其他有限责任公司	358	28141	160.6
股份有限公司	37	6026	66.5
私营企业	503	21508	127.8
私营独资企业	19	432	3.5
私营合伙企业			
私营有限责任公司	475	20737	120.7
私营股份有限公司	9	339	3.6
其他企业	10	254	0.2
港、澳、台商投资企业	4	809	18.8
与港澳台商合资经营企业			
与港澳台商合作经营企业			
港澳台商独资经营企业	2	354	16.3
港澳台商投资股份有限公司	1	74	1.7
其他港澳台投资企业	1	381	0.8
外商投资企业	2	748	3.4
中外合资经营企业			
中外合作经营企业			
外资企业	1	600	2.0
外商投资股份有限公司			
其他外商投资	1	148	1.4
按单位规模分组			
大型	20	18724	88.9
中型	240	26282	186.1
小型	520	13366	105.6
微型	161	973	13.6

1-A-7　零售业法人企业财务状况

单位：亿元

分　组	资产总计	负债合计	营业收入
零售业	**1140.87**	**598.36**	**1133.68**
按国民经济行业分组			
综合零售	179.27	86.70	160.06
百货零售	134.87	61.02	102.28
超级市场零售	33.25	22.00	49.33
便利店零售	1.00	0.59	1.91
其他综合零售	10.15	3.09	6.54
食品、饮料及烟草制品专门零售	100.58	40.80	53.51
粮油零售	12.82	8.79	6.55
糕点、面包零售	1.59	0.40	0.90
果品、蔬菜零售	22.36	8.99	10.60
肉、禽、蛋、奶及水产品零售	17.93	3.08	4.80
营养和保健品零售	1.61	0.94	1.16
酒、饮料及茶叶零售	12.15	6.11	7.82
烟草制品零售	6.68	1.45	13.26
其他食品零售	25.45	11.06	8.41
纺织、服装及日用品专门零售	53.05	28.02	26.69
纺织品及针织品零售	2.32	0.90	0.97
服装零售	31.83	19.02	13.41
鞋帽零售	1.50	0.53	0.72
化妆品及卫生用品零售	2.33	1.13	4.18
厨具卫具及日用杂品零售	3.13	0.69	1.34
钟表、眼镜零售	3.75	1.17	3.10
箱包零售	0.07	0.03	0.12
自行车等代步设备零售	0.65	0.25	0.70
其他日用品零售	7.47	4.30	2.15
文化、体育用品及器材专门零售	120.84	48.73	29.68
文具用品零售	7.19	1.58	4.39
体育用品及器材零售	2.69	0.96	1.47
图书、报刊零售	4.77	3.49	4.04
音像制品、电子和数字出版物零售	0.12	0.00	0.04
珠宝首饰零售	90.09	39.18	14.46
工艺美术品及收藏品零售	12.15	2.30	3.46
乐器零售	2.19	0.74	0.75
照相器材零售	0.10	0.05	0.18
其他文化用品零售	1.53	0.41	0.90

1-A-7 续表 1

单位：亿元

分　　组	资产总计	负债合计	营业收入
医药及医疗器材专门零售	58.36	31.47	64.72
西药零售	34.91	21.65	53.06
中药零售	10.08	4.69	2.80
动物用药品零售	1.14	0.27	0.95
医疗用品及器材零售	12.12	4.86	7.75
保健辅助治疗器材零售	0.11	0.01	0.18
汽车、摩托车、零配件和燃料及其他动力销售	333.46	225.01	601.96
汽车新车零售	233.21	172.77	305.23
汽车旧车零售	5.68	1.75	3.56
汽车零配件零售	14.28	7.10	11.12
摩托车及零配件零售	2.48	1.16	1.93
机动车燃油零售	63.98	33.65	273.14
机动车燃气零售	13.78	8.57	6.94
机动车充电销售	0.05	0.01	0.03
家用电器及电子产品专门零售	74.03	32.95	81.62
家用视听设备零售	2.70	1.35	2.18
日用家电零售	26.62	13.77	31.06
计算机、软件及辅助设备零售	20.42	6.63	18.67
通信设备零售	8.04	4.69	19.60
其他电子产品零售	16.24	6.52	10.11
五金、家具及室内装饰材料专门零售	121.22	53.42	61.41
五金零售	35.14	16.24	18.22
灯具零售	1.48	0.55	0.74
家具零售	23.86	12.34	11.07
涂料零售	0.66	0.16	0.54
卫生洁具零售	1.45	0.60	1.05
木质装饰材料零售	2.00	0.57	1.58
陶瓷、石材装饰材料零售	6.39	3.51	2.80
其他室内装饰材料零售	50.25	19.45	25.42
货摊、无店铺及其他零售业	100.07	51.26	54.02
流动货摊零售	0.00	0.00	0.00
互联网零售	8.29	2.95	3.63
邮购及电视、电话零售	0.15	0.22	0.07
自动售货机零售	0.01	0.00	0.00
旧货零售	0.02	0.00	0.01

1-A-7 续表 2 单位：亿元

分 组	资产总计	负债合计	营业收入
生活用燃料零售	29.49	17.96	17.80
宠物食品用品零售	0.17	0.12	0.02
其他未列明零售业	61.93	30.01	32.48
按登记注册类型分组			
内资企业	1133.89	595.30	1112.43
国有企业	9.97	6.06	15.27
集体企业	6.47	3.46	4.22
股份合作企业	0.56	0.29	0.44
联营企业	0.81	0.53	0.69
国有联营企业	0.50	0.43	0.22
集体联营企业	0.08	0.02	0.07
国有与集体联营企业	0.00		0.00
其他联营企业	0.22	0.08	0.39
有限责任公司	349.55	205.98	414.18
国有独资公司	9.28	4.28	32.59
其他有限责任公司	340.27	201.70	381.60
股份有限公司	196.53	92.70	222.48
私营企业	556.82	284.52	448.19
私营独资企业	15.50	3.42	13.99
私营合伙企业	1.06	0.63	0.75
私营有限责任公司	520.75	273.88	417.11
私营股份有限公司	19.52	6.59	16.34
其他企业	13.17	1.76	6.96
港、澳、台商投资企业	4.32	2.06	12.65
与港澳台商合资经营企业	0.01	0.00	0.00
与港澳台商合作经营企业			
港澳台商独资经营企业	2.40	1.12	6.03
港澳台商投资股份有限公司	1.33	0.65	3.51
其他港澳台投资企业	0.59	0.29	3.10
外商投资企业	2.66	1.01	8.60
中外合资经营企业	0.03	0.03	0.00
中外合作经营企业			
外资企业	0.20	0.18	0.88
外商投资股份有限公司			
其他外商投资	2.43	0.79	7.71

1-A-8 限额以上零售业法人企业财务状况

单位：亿元

分 组	资产总计	负债合计	营业收入
零售业	**522.65**	**325.28**	**768.96**
按国民经济行业分组			
综合零售	121.31	66.76	132.51
百货零售	89.40	44.48	80.47
超级市场零售	30.19	20.89	47.50
便利店零售	0.60	0.56	1.79
其他综合零售	1.12	0.83	2.76
食品、饮料及烟草制品专门零售	21.22	14.72	20.07
粮油零售			
糕点、面包零售			
果品、蔬菜零售	10.41	7.16	6.39
肉、禽、蛋、奶及水产品零售	0.85	0.64	1.91
营养和保健品零售	0.20	0.36	0.25
酒、饮料及茶叶零售	4.40	3.86	4.60
烟草制品零售	1.32	0.25	3.12
其他食品零售	1.12	0.48	1.12
纺织、服装及日用品专门零售	13.04	7.62	11.87
纺织品及针织品零售	0.03	0.00	0.08
服装零售	8.47	5.80	5.28
鞋帽零售	0.37	0.30	0.41
化妆品及卫生用品零售	0.91	0.45	2.99
厨具卫具及日用杂品零售	1.75	0.38	0.89
钟表、眼镜零售	1.37	0.67	2.09
箱包零售			
自行车等代步设备零售			
其他日用品零售	0.13	0.03	0.13
文化、体育用品及器材专门零售	91.18	39.41	16.31
文具用品零售	0.46	0.27	0.61
体育用品及器材零售	0.10	0.03	0.13
图书、报刊零售	1.27	0.85	1.51
音像制品、电子和数字出版物零售			
珠宝首饰零售	86.24	37.53	12.07
工艺美术品及收藏品零售	2.66	0.43	1.58
乐器零售	0.42	0.30	0.33
照相器材零售	0.02	0.00	0.08
其他文化用品零售			
医药及医疗器材专门零售	27.26	21.23	41.90

1-A-8　续表 1　　单位：亿元

分　　组	资产总计	负债合计	营业收入
西药零售	22.84	17.60	40.78
中药零售	4.34	3.61	1.05
动物用药品零售			
医疗用品及器材零售	0.07	0.03	0.06
保健辅助治疗器材零售			
汽车、摩托车、零配件和燃料及其他动力销售	200.50	142.36	485.41
汽车新车零售	141.57	111.30	227.94
汽车旧车零售			
汽车零配件零售	1.29	0.75	2.10
摩托车及零配件零售	0.50	0.24	0.44
机动车燃油零售	52.17	27.87	251.31
机动车燃气零售	4.97	2.19	3.62
机动车充电销售			
家用电器及电子产品专门零售	18.01	12.08	40.60
家用视听设备零售	1.38	0.92	1.38
日用家电零售	9.52	6.69	21.29
计算机、软件及辅助设备零售	3.55	1.37	6.27
通信设备零售	2.71	2.39	10.52
其他电子产品零售	0.86	0.72	1.14
五金、家具及室内装饰材料专门零售	12.50	9.23	6.77
五金零售	0.68	0.50	0.53
灯具零售			
家具零售	11.02	8.32	5.09
涂料零售	0.09	0.06	0.11
卫生洁具零售			
木质装饰材料零售	0.14	0.01	0.32
陶瓷、石材装饰材料零售	0.29	0.15	0.21
其他室内装饰材料零售	0.28	0.18	0.51
货摊、无店铺及其他零售业	17.63	11.87	13.52
流动货摊零售			
互联网零售	2.52	0.70	1.92
邮购及电视、电话零售	0.15	0.22	0.07
自动售货机零售			
旧货零售			
生活用燃料零售	10.67	8.05	7.27
宠物食品用品零售			
其他未列明零售业	4.28	2.91	4.26

1-A-8 续表 2

单位：亿元

分 组	资产总计	负债合计	营业收入
按登记注册类型分组			
内资企业	515.81	322.28	747.76
国有企业	2.91	2.17	5.24
集体企业	1.69	1.19	1.71
股份合作企业	0.18	0.10	0.23
联营企业	0.21	0.08	0.38
国有联营企业			
集体联营企业			
国有与集体联营企业			
其他联营企业	0.21	0.08	0.38
有限责任公司	191.01	135.00	313.42
国有独资公司	6.12	2.03	25.89
其他有限责任公司	184.89	132.96	287.52
股份有限公司	169.94	78.61	205.85
私营企业	148.99	104.96	219.27
私营独资企业	1.00	0.50	2.12
私营合伙企业			
私营有限责任公司	145.62	102.65	210.09
私营股份有限公司	2.37	1.81	7.06
其他企业	0.88	0.18	1.67
港、澳、台商投资企业	4.30	2.06	12.64
与港澳台商合资经营企业			
与港澳台商合作经营企业			
港澳台商独资经营企业	2.40	1.12	6.03
港澳台商投资股份有限公司	1.32	0.65	3.51
其他港澳台投资企业	0.59	0.29	3.10
外商投资企业	2.55	0.94	8.56
中外合资经营企业			
中外合作经营企业			
外资企业	0.20	0.18	0.88
外商投资股份有限公司			
其他外商投资	2.35	0.76	7.68
按单位规模分组			
大型	118.27	60.19	281.86
中型	200.45	150.04	312.88
小型	107.17	71.78	145.17
微型	96.76	43.28	29.06

B.地区部分

1-B-1　分地区批发业法人企业基本情况

地　区	法人单位数 (个)	从业人员期末人数 (人)
全　省	**27892**	**151752**
兰　州	10945	61999
嘉峪关	895	3495
金　昌	545	3173
白　银	2299	8046
天　水	2435	13801
武　威	1709	8984
张　掖	1489	9057
平　凉	1199	7491
酒　泉	1351	7386
庆　阳	1287	7227
定　西	1888	10141
陇　南	1026	6192
临　夏	659	3675
甘　南	165	1085

1-B-2　分地区批发业法人企业基本情况(按国民经济行业分)

(农、林、牧、渔产品批发)

地　区	法人单位数 (个)	从业人员期末人数 (人)
全　省	**3592**	**16017**
兰　州	294	1574
嘉峪关	19	51
金　昌	89	528
白　银	403	1258
天　水	263	1015
武　威	788	3468
张　掖	370	1798
平　凉	125	782
酒　泉	350	1848
庆　阳	117	517
定　西	459	1927
陇　南	160	675
临　夏	134	505
甘　南	21	71

1-B-2 续表 1

(食品、饮料及烟草制品批发)

地 区	法人单位数 (个)	从业人员期末人数 (人)
全 省	**4491**	**33981**
兰 州	1307	9582
嘉峪关	104	464
金 昌	81	986
白 银	269	1512
天 水	649	5048
武 威	245	1780
张 掖	303	3385
平 凉	380	2686
酒 泉	228	1216
庆 阳	261	1852
定 西	285	2302
陇 南	223	1973
临 夏	123	875
甘 南	33	320

1-B-2 续表 2

(纺织服装及家庭用品批发)

地 区	法人单位数 (个)	从业人员期末人数 (人)
全 省	**1655**	**8065**
兰 州	1140	5837
嘉峪关	24	55
金 昌	21	52
白 银	71	188
天 水	63	253
武 威	30	101
张 掖	51	255
平 凉	33	135
酒 泉	37	171
庆 阳	68	236
定 西	37	268
陇 南	33	157
临 夏	38	280
甘 南	9	77

1-B-2　续表 3

(文化、体育用品及器材批发)

地　区	法人单位数 (个)	从业人员期末人数 (人)
全　省	**930**	**3873**
兰　州	616	2762
嘉峪关	31	85
金　昌	10	26
白　银	23	36
天　水	54	199
武　威	10	60
张　掖	33	70
平　凉	18	59
酒　泉	25	42
庆　阳	36	99
定　西	27	169
陇　南	16	87
临　夏	19	47
甘　南	12	132

1-B-2　续表 4

(医药及医疗器材批发)

地　区	法人单位数 (个)	从业人员期末人数 (人)
全　省	**1824**	**19931**
兰　州	808	11343
嘉峪关	17	152
金　昌	10	113
白　银	61	362
天　水	91	1161
武　威	58	726
张　掖	48	356
平　凉	29	640
酒　泉	36	461
庆　阳	47	638
定　西	431	2757
陇　南	156	815
临　夏	27	310
甘　南	5	97

1-B-2 续表 5

(矿产品、建材及化工产品批发)

地 区	法人单位数 (个)	从业人员期末人数 (人)
全 省	**9144**	**43212**
兰 州	3363	15834
嘉峪关	430	1825
金 昌	250	1138
白 银	1036	3382
天 水	968	4240
武 威	391	2048
张 掖	440	1959
平 凉	400	2145
酒 泉	402	2752
庆 阳	510	2782
定 西	435	1930
陇 南	279	1849
临 夏	196	1071
甘 南	44	257

1-B-2 续表 6

(机械设备、五金产品及电子产品批发)

地 区	法人单位数 (个)	从业人员期末人数 (人)
全 省	**4472**	**19820**
兰 州	2726	12635
嘉峪关	201	675
金 昌	39	186
白 银	301	931
天 水	214	1183
武 威	132	575
张 掖	136	801
平 凉	126	585
酒 泉	169	549
庆 阳	154	699
定 西	114	434
陇 南	77	279
临 夏	61	214
甘 南	22	74

1-B-2　续表 7

(贸易经纪与代理)

地　区	法人单位数 (个)	从业人员期末人数 (人)
全　省	**250**	**792**
兰　州	92	314
嘉峪关	4	9
金　昌	1	4
白　银	19	32
天　水	37	158
武　威	8	31
张　掖	18	34
平　凉	11	25
酒　泉	11	26
庆　阳	14	41
定　西	17	49
陇　南	6	34
临　夏	8	16
甘　南	4	19

1-B-2　续表 8

(其他批发业)

地　区	法人单位数 (个)	从业人员期末人数 (人)
全　省	**1534**	**6061**
兰　州	599	2118
嘉峪关	65	179
金　昌	44	140
白　银	116	345
天　水	96	544
武　威	47	195
张　掖	90	399
平　凉	77	434
酒　泉	93	321
庆　阳	80	363
定　西	83	305
陇　南	76	323
临　夏	53	357
甘　南	15	38

1-B-3 分地区批发业法人企业基本情况(按登记注册类型分)

(内资企业)

地 区	法人单位数 (个)	从业人员期末人数 (人)
全 省	**27874**	**151255**
兰 州	10938	61522
嘉峪关	895	3495
金 昌	545	3173
白 银	2292	8040
天 水	2433	13793
武 威	1708	8980
张 掖	1489	9057
平 凉	1199	7491
酒 泉	1350	7384
庆 阳	1287	7227
定 西	1888	10141
陇 南	1026	6192
临 夏	659	3675
甘 南	165	1085

1-B-3 续表 1

(国有企业)

地 区	法人单位数 (个)	从业人员期末人数 (人)
全 省	**69**	**4705**
兰 州	17	637
嘉峪关	3	66
金 昌	2	314
白 银	5	269
天 水	9	530
武 威	5	240
张 掖	8	708
平 凉	4	126
酒 泉	5	160
庆 阳	1	449
定 西	3	358
陇 南	2	368
临 夏	3	270
甘 南	2	210

1-B-3　续表 2

(集体企业)

地　区	法人单位数 (个)	从业人员期末人数 (人)
全　省	**144**	**1168**
兰　州	37	432
嘉峪关	2	1
金　昌	4	39
白　银	16	83
天　水	16	77
武　威	7	62
张　掖	16	50
平　凉	10	79
酒　泉	5	8
庆　阳	6	124
定　西	8	46
陇　南	3	39
临　夏	10	107
甘　南	4	21

1-B-3　续表 3

(股份合作企业)

地　区	法人单位数 (个)	从业人员期末人数 (人)
全　省	**16**	**229**
兰　州	1	2
嘉峪关		
金　昌		
白　银	3	61
天　水	3	15
武　威	3	59
张　掖	1	3
平　凉		
酒　泉	1	2
庆　阳		
定　西	2	43
陇　南	1	22
临　夏	1	22
甘　南		

1-B-3 续表 4

(联营企业)

地 区	法人单位数 (个)	从业人员期末人数 (人)
全 省	**17**	**54**
兰 州	4	16
嘉峪关		
金 昌	1	2
白 银	2	1
天 水	2	16
武 威		
张 掖	1	2
平 凉		
酒 泉	4	8
庆 阳		
定 西	1	
陇 南		
临 夏	2	9
甘 南		

1-B-3 续表 5

(有限责任公司)

地 区	法人单位数 (个)	从业人员期末人数 (人)
全 省	**5138**	**37250**
兰 州	1256	13913
嘉峪关	265	1060
金 昌	210	1174
白 银	271	1240
天 水	471	3315
武 威	462	2662
张 掖	329	1547
平 凉	291	1915
酒 泉	514	2916
庆 阳	306	2180
定 西	356	2445
陇 南	224	1945
临 夏	129	657
甘 南	54	281

1-B-3　续表 6

(股份有限公司)

地　区	法人单位数 (个)	从业人员期末人数 (人)
全　省	**397**	**6536**
兰　州	98	1877
嘉峪关	3	8
金　昌	8	96
白　银	34	150
天　水	55	570
武　威	36	746
张　掖	15	106
平　凉	27	661
酒　泉	22	1395
庆　阳	22	116
定　西	29	425
陇　南	35	283
临　夏	11	45
甘　南	2	58

1-B-3　续表 7

(私营企业)

地　区	法人单位数 (个)	从业人员期末人数 (人)
全　省	**18612**	**87347**
兰　州	9400	44054
嘉峪关	621	2360
金　昌	241	1085
白　银	1549	5150
天　水	1439	7519
武　威	725	3274
张　掖	921	5791
平　凉	575	3441
酒　泉	540	1922
庆　阳	786	3562
定　西	773	3750
陇　南	493	2600
临　夏	451	2366
甘　南	98	473

1-B-3 续表 8

(其他企业)

地 区	法人单位数 (个)	从业人员期末人数 (人)
全 省	**3481**	**13966**
兰 州	125	591
嘉峪关	1	
金 昌	79	463
白 银	412	1086
天 水	438	1751
武 威	470	1937
张 掖	198	850
平 凉	292	1269
酒 泉	259	973
庆 阳	166	796
定 西	716	3074
陇 南	268	935
临 夏	52	199
甘 南	5	42

1-B-3 续表 9

(港、澳、台商投资企业)

地 区	法人单位数 (个)	从业人员期末人数 (人)
全 省	**6**	**185**
兰 州	4	179
嘉峪关		
金 昌		
白 银		
天 水		
武 威	1	4
张 掖		
平 凉		
酒 泉	1	2
庆 阳		
定 西		
陇 南		
临 夏		
甘 南		

1-B-3　续表 10

(外商投资企业)

地　区	法人单位数 (个)	从业人员期末人数 (人)
全　省	**12**	**312**
兰　州	3	298
嘉峪关		
金　昌		
白　银	7	6
天　水	2	8
武　威		
张　掖		
平　凉		
酒　泉		
庆　阳		
定　西		
陇　南		
临　夏		
甘　南		

1-B-4　分地区批发业法人企业财务状况

单位：亿元

地　区	资产总计	负债合计	营业收入
全　省	**2593.79**	**1368.99**	**5272.86**
兰　州	1591.34	903.46	4211.03
嘉峪关	106.33	70.31	107.03
金　昌	39.94	20.85	40.15
白　银	69.33	35.53	63.31
天　水	113.44	46.77	141.69
武　威	110.54	51.56	96.09
张　掖	116.10	60.45	99.35
平　凉	67.59	31.16	73.59
酒　泉	108.10	56.24	212.89
庆　阳	45.83	11.50	65.95
定　西	126.41	47.45	70.81
陇　南	75.68	28.18	65.58
临　夏	16.64	4.60	17.65
甘　南	6.54	0.92	7.75

1-B-5 分地区批发业法人企业财务状况(按国民经济行业分)

(农、林、牧、渔产品批发) 单位：亿元

地 区	资产总计	负债合计	营业收入
全 省	**198.92**	**74.69**	**94.75**
兰 州	15.83	7.11	19.39
嘉峪关	0.44	0.24	0.21
金 昌	7.41	2.89	5.86
白 银	6.43	1.32	2.92
天 水	4.84	1.05	1.61
武 威	49.00	17.46	23.83
张 掖	27.43	15.64	15.28
平 凉	8.43	5.57	2.01
酒 泉	21.25	9.58	10.78
庆 阳	3.70	0.57	1.14
定 西	48.21	11.20	8.77
陇 南	3.33	1.36	1.22
临 夏	2.01	0.59	1.68
甘 南	0.60	0.10	0.04

1-B-5 续表 1

(食品、饮料及烟草制品批发) 单位：亿元

地 区	资产总计	负债合计	营业收入
全 省	**341.19**	**130.75**	**400.52**
兰 州	96.81	47.27	129.00
嘉峪关	4.74	2.10	5.42
金 昌	7.23	2.08	10.28
白 银	10.32	2.35	16.56
天 水	40.17	12.21	44.04
武 威	9.86	2.96	18.33
张 掖	44.36	23.02	32.93
平 凉	28.37	12.36	25.85
酒 泉	17.04	6.96	14.50
庆 阳	15.94	4.61	21.20
定 西	15.55	5.16	22.53
陇 南	44.65	8.84	44.28
临 夏	4.72	0.71	10.35
甘 南	1.43	0.13	5.25

1-B-5　续表 2

(纺织、服装及家庭用品批发)　　单位：亿元

地　区	资产总计	负债合计	营业收入
全　省	**48.92**	**22.60**	**49.25**
兰　州	40.67	20.12	43.27
嘉峪关	0.65	0.33	0.37
金　昌	0.14	0.05	0.17
白　银	0.65	0.28	0.76
天　水	0.67	0.22	0.48
武　威	0.46	0.18	0.30
张　掖	0.49	0.11	0.42
平　凉	0.67	0.18	0.40
酒　泉	0.70	0.20	0.54
庆　阳	0.85	0.16	0.67
定　西	1.20	0.37	0.81
陇　南	0.42	0.12	0.23
临　夏	0.81	0.25	0.45
甘　南	0.55	0.03	0.37

1-B-5　续表 3

(文化、体育用品及器材批发)　　单位：亿元

地　区	资产总计	负债合计	营业收入
全　省	**55.21**	**25.86**	**43.41**
兰　州	43.99	23.41	40.63
嘉峪关	0.99	0.42	0.42
金　昌	0.09	0.07	0.15
白　银	0.17	0.05	0.10
天　水	0.69	0.11	0.16
武　威	0.19	0.02	0.11
张　掖	0.19	0.03	0.06
平　凉	0.24	0.05	0.15
酒　泉	4.08	0.21	0.09
庆　阳	0.33	0.12	0.18
定　西	3.08	1.16	0.47
陇　南	0.48	0.03	0.19
临　夏	0.11	0.01	0.06
甘　南	0.60	0.17	0.62

1-B-5 续表 4

(医药及医疗器材批发) 单位：亿元

地 区	资产总计	负债合计	营业收入
全 省	**303.62**	**190.08**	**274.04**
兰 州	230.13	148.35	222.37
嘉峪关	0.84	0.50	0.60
金 昌	0.71	0.52	0.91
白 银	2.53	1.49	1.79
天 水	8.28	4.79	9.15
武 威	8.27	6.18	5.04
张 掖	2.51	1.43	1.94
平 凉	5.08	3.35	6.57
酒 泉	2.95	1.85	3.52
庆 阳	4.74	1.61	3.79
定 西	32.89	17.19	12.74
陇 南	2.80	1.69	3.96
临 夏	1.65	0.98	1.18
甘 南	0.23	0.16	0.47

1-B-5 续表 5

(矿产品、建材及化工产品批发) 单位：亿元

地 区	资产总计	负债合计	营业收入
全 省	**1370.66**	**767.63**	**4101.70**
兰 州	982.20	540.42	3509.03
嘉峪关	84.92	57.46	92.89
金 昌	19.39	13.10	20.65
白 银	42.01	25.57	37.47
天 水	48.79	22.35	72.28
武 威	32.12	19.92	42.22
张 掖	26.24	15.00	42.92
平 凉	18.08	7.31	31.05
酒 泉	54.45	34.69	178.36
庆 阳	14.64	3.34	34.36
定 西	19.72	11.15	22.40
陇 南	21.87	15.66	14.50
临 夏	4.23	1.38	2.85
甘 南	1.99	0.27	0.71

1-B-5 续表 6

(机械设备、五金产品及电子产品批发) 单位：亿元

地 区	资产总计	负债合计	营业收入
全 省	**216.89**	**128.02**	**272.92**
兰 州	149.73	98.11	229.01
嘉峪关	11.12	7.44	5.40
金 昌	3.09	0.91	1.34
白 银	5.25	3.52	3.18
天 水	5.72	3.59	6.89
武 威	8.69	3.85	5.32
张 掖	12.51	4.53	4.93
平 凉	4.25	1.53	5.96
酒 泉	4.71	1.82	3.94
庆 阳	4.17	0.91	2.97
定 西	3.99	1.11	2.41
陇 南	1.35	0.21	0.62
临 夏	1.36	0.45	0.71
甘 南	0.92	0.03	0.24

1-B-5 续表 7

(贸易经纪与代理) 单位：亿元

地 区	资产总计	负债合计	营业收入
全 省	**5.84**	**3.70**	**2.31**
兰 州	4.06	3.21	1.28
嘉峪关	0.11	0.06	0.02
金 昌	0.01	0.01	0.06
白 银	0.15	0.04	0.04
天 水	0.38	0.02	0.19
武 威	0.13	0.03	0.13
张 掖	0.16	0.04	0.05
平 凉	0.03	0.01	0.01
酒 泉	0.23	0.17	0.14
庆 阳	0.10	0.02	0.24
定 西	0.29	0.02	0.09
陇 南	0.10	0.09	0.02
临 夏	0.08	0.00	0.03
甘 南	0.01	0.00	0.01

1-B-5 续表 8

(其他批发业) 单位：亿元

地 区	资产总计	负债合计	营业收入
全 省	**52.55**	**25.65**	**33.96**
兰 州	27.92	15.48	17.06
嘉峪关	2.51	1.75	1.70
金 昌	1.86	1.22	0.71
白 银	1.81	0.90	0.47
天 水	3.89	2.43	6.89
武 威	1.83	0.97	0.82
张 掖	2.20	0.66	0.81
平 凉	2.44	0.81	1.58
酒 泉	2.69	0.76	1.01
庆 阳	1.37	0.15	1.39
定 西	1.48	0.09	0.58
陇 南	0.67	0.19	0.55
临 夏	1.66	0.22	0.35
甘 南	0.21	0.02	0.03

1-B-6 分地区批发业法人企业财务状况(按登记注册类型分)

(内资企业) 单位：亿元

地 区	资产总计	负债合计	营业收入
全 省	**2590.70**	**1366.10**	**5263.77**
兰 州	1588.34	900.59	4201.99
嘉峪关	106.33	70.31	107.03
金 昌	39.94	20.85	40.15
白 银	69.31	35.53	63.30
天 水	113.43	46.77	141.69
武 威	110.50	51.55	96.06
张 掖	116.10	60.45	99.35
平 凉	67.59	31.16	73.59
酒 泉	108.08	56.24	212.89
庆 阳	45.83	11.50	65.95
定 西	126.41	47.45	70.81
陇 南	75.68	28.18	65.58
临 夏	16.64	4.60	17.65
甘 南	6.54	0.92	7.75

1-B-6　续表 1

(国有企业)　单位：亿元

地　区	资产总计	负债合计	营业收入
全　省	**89.90**	**23.35**	**256.09**
兰　州	28.72	9.71	57.25
嘉峪关	1.46	0.13	3.18
金　昌	1.99	0.50	4.51
白　银	4.09	0.59	12.88
天　水	13.30	6.99	47.04
武　威	3.64	0.78	11.71
张　掖	7.74	1.63	29.45
平　凉	3.46	0.20	11.92
酒　泉	6.49	0.80	10.11
庆　阳	6.19	0.94	18.00
定　西	4.45	0.54	16.94
陇　南	4.83	0.29	18.96
临　夏	2.62	0.17	9.16
甘　南	0.92	0.07	4.99

1-B-6　续表 2

(集体企业)　单位：亿元

地　区	资产总计	负债合计	营业收入
全　省	**7.86**	**4.45**	**3.70**
兰　州	5.48	2.90	1.62
嘉峪关	0.01	0.00	0.03
金　昌	0.06	0.06	0.05
白　银	0.06	0.01	0.05
天　水	0.08	0.00	0.13
武　威	0.32	0.10	0.27
张　掖	0.23	0.10	0.10
平　凉	0.73	0.67	0.33
酒　泉	0.10	0.04	0.03
庆　阳	0.00	0.00	0.01
定　西	0.21	0.12	0.44
陇　南	0.33	0.28	0.04
临　夏	0.19	0.13	0.41
甘　南	0.07	0.03	0.18

1-B-6 续表 3

(股份合作企业) 单位：亿元

地 区	资产总计	负债合计	营业收入
全 省	**2.68**	**1.01**	**2.7**
兰 州	0.03	0.03	0.04
嘉峪关			
金 昌			
白 银	0.80	0.30	0.34
天 水	0.22		0.15
武 威	0.34	0.06	0.12
张 掖			
平 凉			
酒 泉			0.02
庆 阳			
定 西	1.18	0.58	1.95
陇 南	0.10	0.03	0.06
临 夏	0.02		0.01
甘 南			

1-B-6 续表 4

(联营企业) 单位：亿元

地 区	资产总计	负债合计	营业收入
全 省	**0.59**	**0.38**	**0.11**
兰 州	0.18	0.14	0.03
嘉峪关			
金 昌	0.01		0.01
白 银			
天 水	0.18	0.11	0.02
武 威			
张 掖			
平 凉			
酒 泉	0.16	0.13	0.04
庆 阳			
定 西			
陇 南			
临 夏	0.05		0.01
甘 南			

1-B-6　续表 5

(有限责任公司)　单位：亿元

地　区	资产总计	负债合计	营业收入
全　省	**990.58**	**565.07**	**2173.43**
兰　州	643.64	389.34	1835.63
嘉峪关	37.87	20.74	45.05
金　昌	18.38	11.08	16.64
白　银	14.75	8.28	20.71
天　水	35.69	20.89	55.23
武　威	43.64	23.26	26.75
张　掖	26.14	16.67	23.74
平　凉	21.58	11.72	18.13
酒　泉	53.98	32.16	52.14
庆　阳	16.15	4.06	33.28
定　西	34.01	17.62	15.34
陇　南	40.45	8.18	28.45
临　夏	2.63	0.76	1.45
甘　南	1.67	0.32	0.90

1-B-6　续表 6

(股份有限公司)　单位：亿元

地　区	资产总计	负债合计	营业收入
全　省	**265.91**	**89.59**	**1635.11**
兰　州	202.73	51.07	1441.04
嘉峪关	3.62	3.50	0.03
金　昌	1.31	0.79	0.90
白　银	1.62	0.48	0.46
天　水	3.81	1.66	2.99
武　威	10.67	8.96	23.60
张　掖	0.18	0.13	0.25
平　凉	4.14	1.80	19.35
酒　泉	18.19	9.95	133.52
庆　阳	0.91	0.18	0.16
定　西	16.40	10.55	11.40
陇　南	2.09	0.51	1.00
临　夏	0.14	0.01	0.04
甘　南	0.11	0.01	0.36

1-B-6 续表 7

(私营企业) 单位：亿元

地 区	资产总计	负债合计	营业收入
全 省	**1180.11**	**671.88**	**1158.01**
兰 州	706.00	447.20	865.39
嘉峪关	63.37	45.94	58.73
金 昌	15.55	7.81	15.53
白 银	45.30	25.48	27.46
天 水	52.89	15.61	32.05
武 威	43.37	16.94	25.19
张 掖	77.94	40.81	42.54
平 凉	31.24	15.35	20.21
酒 泉	24.52	12.09	13.80
庆 阳	20.04	6.06	13.72
定 西	60.35	16.10	20.18
陇 南	25.43	18.61	15.62
临 夏	10.35	3.41	6.29
甘 南	3.76	0.48	1.31

1-B-6 续表 8

(其他企业) 单位：亿元

地 区	资产总计	负债合计	营业收入
全 省	**53.08**	**10.38**	**34.63**
兰 州	1.57	0.21	0.99
嘉峪关			
金 昌	2.64	0.62	2.51
白 银	2.68	0.40	1.40
天 水	7.25	1.51	4.07
武 威	8.52	1.46	8.42
张 掖	3.87	1.11	3.27
平 凉	6.43	1.42	3.65
酒 泉	4.64	1.07	3.23
庆 阳	2.54	0.26	0.78
定 西	9.82	1.93	4.57
陇 南	2.46	0.29	1.44
临 夏	0.65	0.12	0.29
甘 南	0.02		

1-B-6 续表 9

(港、澳、台商投资企业) 单位：亿元

地 区	资产总计	负债合计	营业收入
全 省	**0.71**	**0.36**	**2.10**
兰 州	0.65	0.34	2.07
嘉峪关			
金 昌			
白 银			
天 水			
武 威	0.04	0.02	0.03
张 掖			
平 凉			
酒 泉	0.02	0.01	
庆 阳			
定 西			
陇 南			
临 夏			
甘 南			

1-B-6 续表 10

(外商投资企业) 单位：亿元

地 区	资产总计	负债合计	营业收入
全 省	**2.38**	**2.53**	**6.99**
兰 州	2.35	2.53	6.98
嘉峪关			
金 昌			
白 银	0.02		0.01
天 水	0.01		
武 威			
张 掖			
平 凉			
酒 泉			
庆 阳			
定 西			
陇 南			
临 夏			
甘 南			

1-B-7 分地区零售业法人企业基本情况

地 区	法人单位数(个)	从业人员期末人数(人)	年末零售营业面积(万平方米)
全 省	**30311**	**171720**	**1110.8**
兰 州	7404	55950	273.0
嘉峪关	810	4020	23.6
金 昌	807	4196	46.8
白 银	2497	10801	70.3
天 水	2690	16444	110.3
武 威	1381	6860	43.2
张 掖	2133	10458	65.7
平 凉	1538	7940	67.0
酒 泉	2501	11393	116.6
庆 阳	2386	13011	79.6
定 西	2208	10492	75.3
陇 南	1953	9831	59.3
临 夏	1429	7476	59.0
甘 南	574	2848	21.1

1-B-8 分地区零售业法人企业基本情况(按国民经济行业分)

(综合零售)

地 区	法人单位数(个)	从业人员期末人数(人)	年末零售营业面积(万平方米)
全 省	**3616**	**36681**	**255.0**
兰 州	636	11534	93.5
嘉峪关	52	972	5.8
金 昌	105	772	5.9
白 银	383	1722	14.3
天 水	414	3854	20.7
武 威	234	1594	10.9
张 掖	310	2790	19.5
平 凉	158	1780	11.3
酒 泉	283	1840	13.9
庆 阳	246	3669	15.9
定 西	292	1984	13.3
陇 南	226	1908	12.4
临 夏	183	1562	14.0
甘 南	94	700	3.8

1-B-8　续表 1

(食品、饮料及烟草制品专门零售)

地　区	法人单位数 (个)	从业人员期末人数 (人)	年末零售营业面积 (万平方米)
全　省	**3947**	**17184**	**121.4**
兰　州	933	4267	11.5
嘉峪关	98	524	3.7
金　昌	93	309	4.7
白　银	286	1291	7.7
天　水	355	1900	23.4
武　威	175	641	2.3
张　掖	313	1203	4.9
平　凉	185	807	16.0
酒　泉	254	980	12.7
庆　阳	330	1427	11.2
定　西	297	1326	15.2
陇　南	395	1577	3.1
临　夏	133	502	2.8
甘　南	100	430	2.1

1-B-8　续表 2

(纺织、服装及日用品专门零售)

地　区	法人单位数 (个)	从业人员期末人数 (人)	年末零售营业面积 (万平方米)
全　省	**2018**	**9729**	**55.9**
兰　州	662	3240	18.4
嘉峪关	52	146	0.9
金　昌	64	271	1.2
白　银	117	381	3.2
天　水	166	931	4.5
武　威	85	463	2.0
张　掖	136	668	4.2
平　凉	81	421	1.6
酒　泉	154	967	10.9
庆　阳	132	532	1.8
定　西	110	748	3.1
陇　南	113	426	1.7
临　夏	109	352	2.2
甘　南	37	183	0.3

1-B-8 续表 3

(文化、体育用品及器材专门零售)

地　区	法人单位数(个)	从业人员期末人数(人)	年末零售营业面积(万平方米)
全　省	**1881**	**6621**	**26.4**
兰　州	442	1780	5.3
嘉峪关	48	140	0.8
金　昌	61	195	0.6
白　银	100	303	1.5
天　水	199	676	1.8
武　威	62	214	0.6
张　掖	155	453	1.5
平　凉	90	256	0.9
酒　泉	172	618	6.1
庆　阳	129	535	2.2
定　西	166	621	2.4
陇　南	76	252	0.9
临　夏	117	386	1.1
甘　南	64	192	0.8

1-B-8 续表 4

(医药及医疗器材专门零售)

地　区	法人单位数(个)	从业人员期末人数(人)	年末零售营业面积(万平方米)
全　省	**2947**	**21780**	**55.4**
兰　州	503	9451	21.9
嘉峪关	78	367	1.1
金　昌	40	358	3.5
白　银	237	1353	4.2
天　水	223	1281	3.2
武　威	207	1038	1.8
张　掖	135	952	1.5
平　凉	242	1205	2.1
酒　泉	196	1224	5.3
庆　阳	246	953	2.2
定　西	360	1374	3.3
陇　南	191	1084	2.4
临　夏	237	902	2.7
甘　南	52	238	0.4

1-B-8　续表 5

(汽车、摩托车、零配件和燃料及其他动力销售)

地　区	法人单位数(个)	从业人员期末人数(人)	年末零售营业面积(万平方米)
全　省	**3560**	**33709**	**274.0**
兰　州	788	12426	47.6
嘉峪关	63	719	7.1
金　昌	89	852	22.8
白　银	396	2500	18.7
天　水	251	2780	24.2
武　威	199	1391	12.3
张　掖	246	1827	15.0
平　凉	196	1419	12.0
酒　泉	290	2039	31.3
庆　阳	332	2366	23.4
定　西	258	1953	15.6
陇　南	244	1611	22.4
临　夏	154	1381	18.9
甘　南	54	445	2.8

1-B-8　续表 6

(家用电器及电子产品专门零售)

地　区	法人单位数(个)	从业人员期末人数(人)	年末零售营业面积(万平方米)
全　省	**3830**	**15226**	**51.7**
兰　州	1091	5316	18.6
嘉峪关	133	432	1.2
金　昌	93	358	0.9
白　银	203	582	1.8
天　水	348	1431	5.3
武　威	167	616	3.0
张　掖	307	916	2.3
平　凉	165	624	2.4
酒　泉	342	1246	4.3
庆　阳	336	1085	3.0
定　西	179	581	2.7
陇　南	222	825	2.4
临　夏	179	980	3.0
甘　南	65	234	0.6

1-B-8 续表 7

(五金、家具及室内装饰材料专门零售)

地 区	法人单位数(个)	从业人员期末人数(人)	年末零售营业面积(万平方米)
全 省	**5255**	**18462**	**167.2**
兰 州	1485	4749	41.4
嘉峪关	216	517	2.4
金 昌	155	434	2.2
白 银	485	1615	10.8
天 水	456	2595	22.9
武 威	139	485	6.6
张 掖	279	860	8.8
平 凉	300	964	12.8
酒 泉	483	1282	15.6
庆 阳	389	1478	9.8
定 西	287	946	8.5
陇 南	292	1214	9.7
临 夏	233	1076	12.5
甘 南	56	247	3.2

1-B-8 续表 8

(货摊、无店铺及其他零售)

地 区	法人单位数(个)	从业人员期末人数(人)	年末零售营业面积(万平方米)
全 省	**3257**	**12328**	**103.8**
兰 州	864	3187	14.7
嘉峪关	70	203	0.5
金 昌	107	647	5.0
白 银	290	1054	8.2
天 水	278	996	4.3
武 威	113	418	3.6
张 掖	252	789	8.0
平 凉	121	464	8.0
酒 泉	327	1197	16.5
庆 阳	246	966	10.1
定 西	259	959	11.2
陇 南	194	934	4.3
临 夏	84	335	1.9
甘 南	52	179	7.3

1-B-9　分地区零售业法人企业基本情况(按登记注册类型分)

(内资企业)

地　区	法人单位数 (个)	从业人员期末人数 (人)	年末零售营业面积 (万平方米)
全　省	**30299**	**170148**	**1088.5**
兰　州	7396	54389	250.8
嘉峪关	810	4020	23.6
金　昌	807	4196	46.8
白　银	2495	10799	70.3
天　水	2690	16444	110.3
武　威	1381	6860	43.2
张　掖	2132	10453	65.7
平　凉	1537	7936	67.0
酒　泉	2501	11393	116.6
庆　阳	2386	13011	79.6
定　西	2208	10492	75.3
陇　南	1953	9831	59.3
临　夏	1429	7476	59.0
甘　南	574	2848	21.1

1-B-9　续表 1

(国有企业)

地　区	法人单位数 (个)	从业人员期末人数 (人)	年末零售营业面积 (万平方米)
全　省	**61**	**1363**	**1.8**
兰　州	21	501	0.5
嘉峪关	1	106	0.1
金　昌	1	7	
白　银	2	38	0.1
天　水	11	281	0.3
武　威	5	10	
张　掖	4	194	
平　凉			
酒　泉	2	19	
庆　阳	1	3	
定　西	6	189	
陇　南	2	1	
临　夏	3	5	
甘　南	2	9	0.5

1-B-9 续表 2

(集体企业)

地 区	法人单位数 (个)	从业人员期末人数 (人)	年末零售营业面积 (万平方米)
全 省	**179**	**1625**	**10.3**
兰 州	52	522	1.8
嘉峪关	2	8	
金 昌	5	63	1.1
白 银	20	93	0.3
天 水	6	19	0.1
武 威	24	262	2.5
张 掖	6	9	0.4
平 凉	1	1	
酒 泉	5	55	0.8
庆 阳	2	52	0.4
定 西	11	111	0.4
陇 南	21	86	1.2
临 夏	22	342	1.4
甘 南	2	2	

1-B-9 续表 3

(股份合作企业)

地 区	法人单位数 (个)	从业人员期末人数 (人)	年末零售营业面积 (万平方米)
全 省	**19**	**176**	**2.0**
兰 州	12	43	0.2
嘉峪关			
金 昌			
白 银			
天 水	1	6	
武 威	2	9	0.8
张 掖			
平 凉			
酒 泉	1	11	0.5
庆 阳			
定 西	2	28	0.2
陇 南			
临 夏	1	79	0.4
甘 南			

1-B-9　续表 4

(联营企业)

地　区	法人单位数(个)	从业人员期末人数(人)	年末零售营业面积(万平方米)
全　省	**31**	**128**	**0.6**
兰　州	9	58	0.2
嘉峪关			
金　昌			
白　银	2	12	
天　水	1	5	
武　威	3	14	
张　掖	2	4	
平　凉			
酒　泉	1	3	
庆　阳	1	3	
定　西	4	4	
陇　南	2	11	0.2
临　夏	4	7	
甘　南	2	7	

1-B-9　续表 5

(有限责任公司)

地　区	法人单位数(个)	从业人员期末人数(人)	年末零售营业面积(万平方米)
全　省	**7512**	**58127**	**383.2**
兰　州	1118	19252	83.5
嘉峪关	207	742	3.9
金　昌	298	1655	11.5
白　银	425	2557	21.9
天　水	760	5935	48.4
武　威	505	3215	21.1
张　掖	642	3824	27.0
平　凉	366	2170	25.3
酒　泉	1158	6200	73.5
庆　阳	545	4874	24.8
定　西	505	2520	18.8
陇　南	506	2622	9.8
临　夏	289	1523	8.8
甘　南	188	1038	4.7

1-B-9 续表 6

(股份有限公司)

地 区	法人单位数(个)	从业人员期末人数(人)	年末零售营业面积(万平方米)
全 省	**680**	**9899**	**87.4**
兰 州	113	4361	25.4
嘉峪关	7	400	5.3
金 昌	6	173	9.3
白 银	41	604	1.8
天 水	135	1011	6.9
武 威	37	206	1.1
张 掖	25	118	0.9
平 凉	50	384	3.4
酒 泉	42	278	2.4
庆 阳	50	229	2.5
定 西	59	643	1.6
陇 南	63	772	15.9
临 夏	33	402	9.2
甘 南	19	318	1.6

1-B-9 续表 7

(私营企业)

地 区	法人单位数(个)	从业人员期末人数(人)	年末零售营业面积(万平方米)
全 省	**20708**	**94509**	**566.0**
兰 州	6032	29417	137.5
嘉峪关	593	2764	14.3
金 昌	477	2199	18.0
白 银	1895	6970	45.2
天 水	1672	8725	51.2
武 威	713	2859	16.6
张 掖	1396	6089	35.2
平 凉	1065	5107	28.2
酒 泉	1196	4413	38.2
庆 阳	1702	7580	48.1
定 西	1429	6350	50.5
陇 南	1139	5566	31.1
临 夏	1059	5059	38.4
甘 南	340	1411	13.7

1-B-9　续表 8

(其他企业)

地　区	法人单位数 (个)	从业人员期末人数 (人)	年末零售营业面积 (万平方米)
全　省	**1109**	**4321**	**37.1**
兰　州	39	235	1.6
嘉峪关			
金　昌	20	99	6.9
白　银	110	525	1.1
天　水	104	462	3.3
武　威	92	285	1.0
张　掖	57	215	2.1
平　凉	55	274	10.0
酒　泉	96	414	1.2
庆　阳	85	270	3.7
定　西	192	647	3.9
陇　南	220	773	1.0
临　夏	18	59	0.7
甘　南	21	63	0.6

1-B-9　续表 9

(港、澳、台商投资企业)

地　区	法人单位数 (个)	从业人员期末人数 (人)	年末零售营业面积 (万平方米)
全　省	**6**	**813**	**18.9**
兰　州	6	813	18.9
嘉峪关			
金　昌			
白　银			
天　水			
武　威			
张　掖			
平　凉			
酒　泉			
庆　阳			
定　西			
陇　南			
临　夏			
甘　南			

1-B-9 续表 10

(外商投资企业)

地 区	法人单位数(个)	从业人员期末人数(人)	年末零售营业面积(万平方米)
全 省	**6**	**759**	**3.5**
兰 州	2	748	3.4
嘉峪关			
金 昌			
白 银	2	2	
天 水			
武 威			
张 掖	1	5	
平 凉	1	4	
酒 泉			
庆 阳			
定 西			
陇 南			
临 夏			
甘 南			

1-B-10 分地区零售业法人企业基本情况(按零售业态分)

(有店铺零售)

地 区	法人单位数(个)	从业人员期末人数(人)	年末零售营业面积(万平方米)
全 省	**25134**	**151992**	**1006.6**
兰 州	5403	48373	253.7
嘉峪关	687	3826	21.2
金 昌	702	3785	37.9
白 银	2058	9007	64.3
天 水	2401	15008	90.2
武 威	1174	6034	40.9
张 掖	1736	9396	57.3
平 凉	1373	7237	58.5
酒 泉	2231	10593	112.1
庆 阳	2089	11950	68.6
定 西	1907	9026	68.9
陇 南	1564	8135	55.3
临 夏	1281	6922	57.2
甘 南	528	2700	20.6

注：零售业态普查设计为多选，下表同。

1-B-10　续表 1

(食杂店)

地　区	法人单位数(个)	从业人员期末人数(人)	年末零售营业面积(万平方米)
全　省	**1322**	**5166**	**34.7**
兰　州	272	1141	3.2
嘉峪关	20	75	0.2
金　昌	35	112	2.8
白　银	104	409	4.7
天　水	162	708	1.6
武　威	50	210	1.8
张　掖	108	372	1.2
平　凉	54	224	0.7
酒　泉	84	192	1.8
庆　阳	100	374	2.2
定　西	93	290	9.2
陇　南	101	297	1.1
临　夏	80	563	3.4
甘　南	59	199	0.7

1-B-10　续表 2

(便利店)

地　区	法人单位数(个)	从业人员期末人数(人)	年末零售营业面积(万平方米)
全　省	**2754**	**14819**	**85.0**
兰　州	560	4032	14.5
嘉峪关	64	685	4.7
金　昌	71	212	0.7
白　银	384	1069	9.7
天　水	248	800	2.5
武　威	155	558	3.0
张　掖	198	577	2.9
平　凉	134	497	9.5
酒　泉	141	472	2.7
庆　阳	185	2689	8.5
定　西	187	891	4.4
陇　南	243	1212	16.5
临　夏	117	622	3.6
甘　南	67	503	1.9

1-B-10 续表 3

(折扣店)

地 区	法人单位数（个）	从业人员期末人数（人）	年末零售营业面积（万平方米）
全 省	**551**	**2604**	**17.0**
兰 州	127	1043	5.2
嘉峪关	4	4	0.0
金 昌	8	16	0.1
白 银	69	241	1.0
天 水	44	138	0.4
武 威	37	177	1.8
张 掖	33	108	0.5
平 凉	47	163	2.9
酒 泉	53	145	2.1
庆 阳	38	239	1.2
定 西	18	42	0.3
陇 南	45	144	0.6
临 夏	19	120	0.5
甘 南	9	24	0.4

1-B-10 续表 4

(超市)

地 区	法人单位数（个）	从业人员期末人数（人）	年末零售营业面积（万平方米）
全 省	**1395**	**15562**	**75.9**
兰 州	211	2156	8.1
嘉峪关	17	249	1.4
金 昌	52	408	2.5
白 银	100	683	3.8
天 水	170	1835	7.9
武 威	70	759	4.2
张 掖	85	1154	5.1
平 凉	87	1184	6.9
酒 泉	92	1514	9.1
庆 阳	104	1144	6.2
定 西	139	1686	9.8
陇 南	147	1893	6.2
临 夏	74	510	2.6
甘 南	47	387	2.0

1-B-10　续表 5

(大型超市)

地　区	法人单位数 (个)	从业人员期末人数 (人)	年末零售营业面积 (万平方米)
全　省	**47**	**8318**	**67.1**
兰　州	12	3559	22.4
嘉峪关	3	573	4.9
金　昌	1	28	0.8
白　银	8	206	8.6
天　水	2	16	1.2
武　威	1	15	1.1
张　掖	3	1007	5.7
平　凉	2	224	1.2
酒　泉	1	87	0.6
庆　阳	2	2085	6.7
定　西	3	130	2.3
陇　南	6	214	6.2
临　夏	3	174	5.5
甘　南			

1-B-10　续表 6

(仓储会员店)

地　区	法人单位数 (个)	从业人员期末人数 (人)	年末零售营业面积 (万平方米)
全　省	**462**	**2323**	**26.7**
兰　州	96	555	3.2
嘉峪关	7	16	
金　昌	13	69	0.1
白　银	49	111	3.5
天　水	44	258	6.0
武　威	22	119	0.7
张　掖	25	90	1.3
平　凉	20	97	1.0
酒　泉	31	80	1.2
庆　阳	50	244	4.3
定　西	38	292	1.8
陇　南	38	220	1.0
临　夏	21	121	1.7
甘　南	8	51	0.9

1-B-10 续表 7

(百货店)

地 区	法人单位数(个)	从业人员期末人数(人)	年末零售营业面积(万平方米)
全 省	**3139**	**18874**	**152.2**
兰 州	536	6755	64.9
嘉峪关	55	229	0.6
金 昌	89	451	3.4
白 银	292	1178	9.7
天 水	345	2850	19.8
武 威	169	846	4.9
张 掖	284	943	11.3
平 凉	98	324	1.8
酒 泉	280	1306	12.7
庆 阳	296	1269	5.5
定 西	213	669	4.1
陇 南	220	806	3.8
临 夏	183	876	7.7
甘 南	79	372	2.2

1-B-10 续表 8

(专业店)

地 区	法人单位数(个)	从业人员期末人数(人)	年末零售营业面积(万平方米)
全 省	**9564**	**51455**	**301.1**
兰 州	1943	17428	61.7
嘉峪关	323	1320	9.2
金 昌	258	1125	22.8
白 银	816	3517	22.2
天 水	781	3817	17.9
武 威	476	2129	11.0
张 掖	612	3197	16.5
平 凉	553	2592	18.6
酒 泉	1034	4096	46.3
庆 阳	801	3229	19.2
定 西	707	2708	15.9
陇 南	540	2546	12.3
临 夏	560	2776	21.7
甘 南	160	975	5.7

1-B-10　续表 9

(专卖店)

地　区	法人单位数(个)	从业人员期末人数(人)	年末零售营业面积(万平方米)
全　省	**7256**	**42869**	**261.9**
兰　州	1706	13619	57.6
嘉峪关	191	1267	5.3
金　昌	192	1483	4.9
白　银	505	2308	15.6
天　水	680	4324	30.2
武　威	349	1770	11.1
张　掖	484	2016	10.2
平　凉	425	2061	12.1
酒　泉	525	2776	29.3
庆　阳	592	3121	19.9
定　西	561	2949	18.6
陇　南	521	2528	25.8
临　夏	358	1964	15.1
甘　南	167	683	6.2

1-B-10　续表 10

(家居建材商店)

地　区	法人单位数(个)	从业人员期末人数(人)	年末零售营业面积(万平方米)
全　省	**2191**	**8765**	**88.9**
兰　州	591	1950	27.3
嘉峪关	40	133	0.4
金　昌	56	154	1.3
白　银	109	446	2.5
天　水	234	1605	7.3
武　威	48	156	4.8
张　掖	97	348	3.4
平　凉	136	502	6.5
酒　泉	210	635	5.5
庆　阳	189	631	4.6
定　西	146	569	7.1
陇　南	166	749	5.5
临　夏	137	726	7.6
甘　南	32	161	5.2

1-B-10 续表 11

(购物中心)

地 区	法人单位数（个）	从业人员期末人数（人）	年末零售营业面积（万平方米）
全 省	**313**	**3970**	**58.5**
兰 州	80	974	16.9
嘉峪关	4	72	0.4
金 昌	4	20	0.2
白 银	33	183	2.4
天 水	30	382	2.6
武 威	16	84	0.6
张 掖	21	444	12.7
平 凉	24	396	5.1
酒 泉	12	291	8.5
庆 阳	24	380	1.1
定 西	17	140	1.7
陇 南	25	270	4.4
临 夏	17	281	1.6
甘 南	6	53	0.3

1-B-10 续表 12

(厂家直销中心)

地 区	法人单位数（个）	从业人员期末人数（人）	年末零售营业面积（万平方米）
全 省	**843**	**5078**	**39.2**
兰 州	206	1418	7.4
嘉峪关	7	79	0.4
金 昌	17	73	0.4
白 银	68	337	1.7
天 水	95	635	5.4
武 威	46	249	2.0
张 掖	65	504	2.2
平 凉	41	168	4.6
酒 泉	73	420	3.3
庆 阳	45	253	3.5
定 西	52	227	4.5
陇 南	63	338	1.8
临 夏	43	259	1.5
甘 南	22	118	0.5

1-B-10　续表 13

(无店铺零售)

地　区	法人单位数 (个)	从业人员期末人数 (人)	年末零售营业面积 (万平方米)
全　省	**6411**	**28489**	**155.6**
兰　州	2264	11620	33.5
嘉峪关	141	240	2.6
金　昌	126	488	15.1
白　银	574	2449	11.7
天　水	411	2071	26.4
武　威	267	1131	3.6
张　掖	459	1357	10.3
平　凉	258	1170	10.6
酒　泉	335	1101	7.9
庆　阳	399	1624	13.3
定　西	365	1681	8.7
陇　南	522	2277	7.1
临　夏	205	992	3.2
甘　南	85	288	1.5

1-B-10　续表 14

(电视购物)

地　区	法人单位数 (个)	从业人员期末人数 (人)	年末零售营业面积 (万平方米)
全　省	**38**	**183**	**1.2**
兰　州	11	37	
嘉峪关	1	1	
金　昌			
白　银	4	45	0.6
天　水	1	3	
武　威	4	11	
张　掖			
平　凉	2	14	0.1
酒　泉	2	5	
庆　阳	1	7	0.1
定　西	5	37	0.2
陇　南	5	15	0.1
临　夏	1	4	
甘　南	1	4	

1-B-10 续表 15

(邮购)

地 区	法人单位数(个)	从业人员期末人数(人)	年末零售营业面积(万平方米)
全 省	**181**	**675**	**6.4**
兰 州	38	109	0.1
嘉峪关			
金 昌	1	2	
白 银	33	123	0.1
天 水	11	55	3.7
武 威	8	18	
张 掖	18	38	0.1
平 凉	7	31	0.1
酒 泉	7	14	
庆 阳	25	61	2.1
定 西	14	50	0.1
陇 南	12	150	0.1
临 夏	5	17	0.2
甘 南	2	7	

1-B-10 续表 16

(网上商店)

地 区	法人单位数(个)	从业人员期末人数(人)	年末零售营业面积(万平方米)
全 省	**670**	**5363**	**20.8**
兰 州	104	3076	8.1
嘉峪关	4	6	
金 昌	11	12	
白 银	64	274	1.1
天 水	70	338	5.1
武 威	34	90	0.4
张 掖	83	225	0.8
平 凉	30	75	0.2
酒 泉	38	91	0.6
庆 阳	104	396	2.7
定 西	48	166	0.3
陇 南	40	392	0.9
临 夏	19	145	0.3
甘 南	21	77	0.3

1-B-10　续表 17

(自动售货亭)

地　区	法人单位数(个)	从业人员期末人数(人)	年末零售营业面积(万平方米)
全　省	**82**	**267**	**7.5**
兰　州	20	39	0.1
嘉峪关	1	1	
金　昌	4	6	0.1
白　银	10	30	0.1
天　水	9	43	6.3
武　威	3	12	
张　掖	9	12	0.1
平　凉	5	73	0.6
酒　泉	3	12	
庆　阳	8	15	
定　西	1	3	
陇　南	2	3	
临　夏	4	5	
甘　南	3	13	

1-B-10　续表 18

(电话购物)

地　区	法人单位数(个)	从业人员期末人数(人)	年末零售营业面积(万平方米)
全　省	**226**	**1106**	**12.1**
兰　州	71	415	0.9
嘉峪关	2	1	
金　昌	3	22	3.2
白　银	38	125	0.5
天　水	21	89	6.5
武　威	16	67	0.1
张　掖	11	16	
平　凉	4	21	
酒　泉	13	29	0.2
庆　阳	10	197	0.3
定　西	14	59	0.1
陇　南	9	31	0.1
临　夏	5	10	
甘　南	9	24	

1-B-10 续表 19

(其他)

地区	法人单位数(个)	从业人员期末人数(人)	年末零售营业面积(万平方米)
全省	**5685**	**25322**	**135.3**
兰州	2134	10956	32.4
嘉峪关	137	236	2.6
金昌	110	448	11.8
白银	491	2154	10.3
天水	340	1700	17.5
武威	218	993	3.2
张掖	393	1162	9.5
平凉	224	1002	9.7
酒泉	293	989	7.1
庆阳	298	1102	12.5
定西	317	1493	8.1
陇南	483	2032	6.7
临夏	182	834	2.8
甘南	65	221	1.2

1-B-11 分地区零售业法人企业财务状况

单位：亿元

地区	资产总计	负债合计	营业收入
全省	**1140.87**	**598.36**	**1133.68**
兰州	537.99	314.57	566.01
嘉峪关	29.73	20.99	24.51
金昌	24.52	12.43	31.01
白银	80.38	45.48	72.91
天水	78.01	38.72	83.50
武威	38.37	17.83	29.38
张掖	57.44	29.89	53.57
平凉	35.95	16.98	30.37
酒泉	64.86	33.89	53.53
庆阳	57.86	21.32	47.77
定西	52.05	16.66	52.96
陇南	35.36	11.69	39.43
临夏	33.74	12.43	33.13
甘南	14.63	5.48	15.61

1-B-12　分地区零售业法人企业财务状况(按国民经济行业分)

(综合零售)　　单位：亿元

地　区	资产总计	负债合计	营业收入
全　省	**179.27**	**86.70**	**160.06**
兰　州	84.12	38.05	88.90
嘉峪关	5.66	5.37	3.60
金　昌	3.57	2.31	5.42
白　银	7.62	3.31	5.98
天　水	22.27	13.48	14.14
武　威	5.51	2.00	2.91
张　掖	8.91	5.18	9.16
平　凉	3.99	1.15	5.23
酒　泉	5.16	2.23	5.25
庆　阳	8.92	6.32	9.96
定　西	6.97	1.92	3.43
陇　南	5.70	2.20	2.52
临　夏	6.88	1.51	2.25
甘　南	4.00	1.67	1.33

1-B-12　续表 1

(食品、饮料及烟草制品专门零售)　　单位：亿元

地　区	资产总计	负债合计	营业收入
全　省	**100.58**	**40.80**	**53.51**
兰　州	18.05	11.19	14.89
嘉峪关	4.07	2.98	1.74
金　昌	1.56	0.87	0.58
白　银	12.80	4.69	4.76
天　水	10.93	6.48	5.00
武　威	5.23	1.42	1.13
张　掖	7.85	2.66	11.84
平　凉	4.92	2.31	1.31
酒　泉	6.81	3.54	3.19
庆　阳	5.20	1.08	3.14
定　西	12.13	1.01	2.11
陇　南	4.78	0.97	1.96
临　夏	3.71	0.98	1.09
甘　南	2.55	0.61	0.76

1-B-12 续表 2

(纺织、服装及日用品专门零售) 单位：亿元

地 区	资产总计	负债合计	营业收入
全 省	**53.05**	**28.02**	**26.69**
兰 州	22.28	13.76	15.43
嘉峪关	1.17	0.79	0.18
金 昌	1.01	0.21	0.85
白 银	3.56	3.21	0.93
天 水	2.97	1.42	1.36
武 威	1.15	0.52	0.87
张 掖	3.01	1.63	0.88
平 凉	1.12	0.19	0.28
酒 泉	6.41	3.68	2.15
庆 阳	4.03	0.50	0.80
定 西	3.50	1.38	2.03
陇 南	0.97	0.09	0.48
临 夏	1.42	0.56	0.35
甘 南	0.45	0.08	0.10

1-B-12 续表 3

(文化、体育用品及器材专门零售) 单位：亿元

地 区	资产总计	负债合计	营业收入
全 省	**120.84**	**48.73**	**29.68**
兰 州	98.61	42.53	19.78
嘉峪关	0.56	0.16	0.27
金 昌	0.93	0.19	0.53
白 银	1.48	0.37	0.58
天 水	2.13	0.61	1.22
武 威	1.04	0.19	0.48
张 掖	2.83	2.31	0.49
平 凉	1.13	0.16	0.40
酒 泉	2.96	0.62	2.31
庆 阳	2.47	0.34	1.09
定 西	3.59	0.66	1.44
陇 南	0.72	0.12	0.37
临 夏	1.42	0.40	0.49
甘 南	0.96	0.07	0.24

1-B-12　续表 4

(医药及医疗器材专门零售)　单位：亿元

地　区	资产总计	负债合计	营业收入
全　省	**58.36**	**31.47**	**64.72**
兰　州	25.42	15.22	38.47
嘉峪关	0.63	0.34	0.56
金　昌	0.62	0.26	1.15
白　银	4.34	2.39	3.28
天　水	2.53	1.19	2.39
武　威	2.56	2.31	2.48
张　掖	1.39	0.80	2.71
平　凉	4.35	2.86	2.16
酒　泉	4.21	3.10	3.75
庆　阳	3.34	1.36	2.37
定　西	3.17	0.63	1.93
陇　南	3.86	0.38	1.32
临　夏	1.41	0.54	1.65
甘　南	0.53	0.10	0.52

1-B-12　续表 5

(汽车、摩托车、零配件和燃料及其他动力销售)　单位：亿元

地　区	资产总计	负债合计	营业收入
全　省	**333.46**	**225.01**	**601.96**
兰　州	177.30	133.89	293.58
嘉峪关	9.12	7.49	12.96
金　昌	6.39	2.83	13.96
白　银	22.86	13.02	43.06
天　水	16.29	8.15	45.90
武　威	12.35	7.53	16.33
张　掖	18.82	12.37	20.03
平　凉	10.27	6.78	14.40
酒　泉	15.01	9.51	22.42
庆　阳	15.80	7.17	21.82
定　西	11.19	7.58	36.78
陇　南	8.00	3.02	27.06
临　夏	7.84	4.19	22.34
甘　南	2.24	1.48	11.32

1-B-12 续表 6

(家用电器及电子产品专门零售) 单位：亿元

地 区	资产总计	负债合计	营业收入
全 省	**74.03**	**32.95**	**81.62**
兰 州	35.40	19.30	47.59
嘉峪关	2.36	1.25	1.52
金 昌	1.70	0.94	1.70
白 银	2.30	1.01	1.84
天 水	4.82	2.15	4.97
武 威	3.55	1.26	2.76
张 掖	3.57	1.20	2.97
平 凉	2.37	1.04	3.04
酒 泉	5.53	2.05	6.44
庆 阳	3.73	0.47	2.24
定 西	3.25	0.89	2.02
陇 南	2.99	0.61	1.61
临 夏	1.75	0.52	2.49
甘 南	0.71	0.25	0.42

1-B-12 续表 7

(五金、家具及室内装饰材料专门零售) 单位：亿元

地 区	资产总计	负债合计	营业收入
全 省	**121.22**	**53.42**	**61.41**
兰 州	46.41	24.41	28.68
嘉峪关	3.49	1.32	1.34
金 昌	2.39	1.32	1.52
白 银	13.20	8.08	4.88
天 水	12.08	4.14	5.33
武 威	2.84	1.22	1.01
张 掖	4.52	1.45	2.67
平 凉	5.82	1.88	2.53
酒 泉	6.28	2.28	3.86
庆 阳	6.55	0.97	3.06
定 西	4.82	1.32	1.62
陇 南	3.48	1.38	2.49
临 夏	8.08	3.50	2.08
甘 南	1.26	0.14	0.36

1-B-12　续表 8

(货摊、无店铺及其他零售业)　　单位：亿元

地　区	资产总计	负债合计	营业收入
全　省	**100.07**	**51.26**	**54.02**
兰　州	30.40	16.21	18.70
嘉峪关	2.68	1.28	2.34
金　昌	6.36	3.51	5.30
白　银	12.22	9.40	7.60
天　水	4.00	1.11	3.18
武　威	4.12	1.39	1.41
张　掖	6.55	2.30	2.83
平　凉	1.99	0.61	1.03
酒　泉	12.47	6.87	4.16
庆　阳	7.81	3.10	3.30
定　西	3.44	1.25	1.60
陇　南	4.86	2.91	1.62
临　夏	1.24	0.24	0.40
甘　南	1.93	1.08	0.56

1-B-13　分地区零售业法人企业财务状况(按登记注册类型分)

(内资企业)　　单位：亿元

地　区	资产总计	负债合计	营业收入
全　省	**1133.89**	**595.30**	**1112.43**
兰　州	531.12	311.56	544.80
嘉峪关	29.73	20.99	24.51
金　昌	24.52	12.43	31.01
白　银	80.38	45.48	72.91
天　水	78.01	38.72	83.50
武　威	38.37	17.83	29.38
张　掖	57.40	29.86	53.56
平　凉	35.87	16.96	30.33
酒　泉	64.86	33.89	53.53
庆　阳	57.86	21.32	47.77
定　西	52.05	16.66	52.96
陇　南	35.36	11.69	39.43
临　夏	33.74	12.43	33.13
甘　南	14.63	5.48	15.61

1-B-13 续表 1

(国有企业) 单位：亿元

地 区	资产总计	负债合计	营业收入
全 省	**9.97**	**6.06**	**15.27**
兰 州	3.24	3.17	2.76
嘉峪关	0.19	0.18	0.20
金 昌	0.01		0.01
白 银	0.14	0.12	0.20
天 水	1.95	1.22	2.60
武 威	0.66	0.53	0.01
张 掖	2.74	0.22	8.50
平 凉			
酒 泉	0.31	0.28	0.16
庆 阳			
定 西	0.63	0.34	0.81
陇 南			
临 夏	0.08	0.01	0.03
甘 南	0.03		0.01

1-B-13 续表 2

(集体企业) 单位：亿元

地 区	资产总计	负债合计	营业收入
全 省	**6.47**	**3.46**	**4.22**
兰 州	3.36	1.95	2.23
嘉峪关	0.04	0.01	0.02
金 昌	0.22	0.22	0.61
白 银	0.40	0.06	0.07
天 水	0.09	0.10	0.02
武 威	0.65	0.25	0.23
张 掖	0.03		0.04
平 凉	0.02		
酒 泉	0.34	0.30	0.16
庆 阳	0.13	0.02	0.15
定 西	0.12	0.02	0.07
陇 南	0.26	0.14	0.05
临 夏	0.82	0.40	0.57
甘 南			

1-B-13　续表 3

(股份合作企业)　　单位：亿元

地　区	资产总计	负债合计	营业收入
全　省	**0.56**	**0.29**	**0.44**
兰　州	0.16	0.15	0.03
嘉峪关			
金　昌			
白　银			
天　水	0.01		0.01
武　威	0.07		0.04
张　掖			
平　凉			
酒　泉	0.04	0.03	0.10
庆　阳			
定　西	0.09		0.03
陇　南			
临　夏	0.18	0.10	0.23
甘　南			

1-B-13　续表 4

(联营企业)　　单位：亿元

地　区	资产总计	负债合计	营业收入
全　省	**0.81**	**0.53**	**0.69**
兰　州	0.49	0.42	0.27
嘉峪关			
金　昌			
白　银			
天　水	0.01		0.01
武　威	0.03		0.01
张　掖			
平　凉			
酒　泉	0.01		0.01
庆　阳	0.01		
定　西	0.05	0.03	0.01
陇　南	0.21	0.08	0.38
临　夏			
甘　南			

1-B-13 续表 5

(有限责任公司) 单位：亿元

地 区	资产总计	负债合计	营业收入
全 省	**349.55**	**205.98**	**414.18**
兰 州	146.06	98.40	213.07
嘉峪关	6.55	4.38	2.49
金 昌	9.36	5.91	9.55
白 银	16.27	9.14	18.03
天 水	31.23	16.63	49.55
武 威	23.07	11.42	18.17
张 掖	21.89	12.38	20.90
平 凉	10.25	5.54	11.31
酒 泉	36.80	19.35	29.97
庆 阳	18.41	11.08	19.14
定 西	11.78	5.36	9.94
陇 南	7.98	1.95	6.76
临 夏	5.34	2.50	3.36
甘 南	4.55	1.94	1.96

1-B-13 续表 6

(股份有限公司) 单位：亿元

地 区	资产总计	负债合计	营业收入
全 省	**196.53**	**92.70**	**222.48**
兰 州	145.39	61.50	96.49
嘉峪关	1.73	1.17	8.48
金 昌	1.67	0.58	9.13
白 银	6.38	4.90	23.34
天 水	17.43	13.04	8.66
武 威	1.76	1.20	2.10
张 掖	0.71	0.47	0.26
平 凉	2.67	1.69	2.50
酒 泉	4.55	2.85	1.04
庆 阳	3.75	0.19	1.10
定 西	3.90	3.56	22.11
陇 南	3.90	0.57	20.31
临 夏	0.92	0.27	15.77
甘 南	1.78	0.71	11.18

1-B-13　续表 7

(私营企业)　　单位：亿元

地　区	资产总计	负债合计	营业收入
全　省	**556.82**	**284.52**	**448.19**
兰　州	231.81	145.76	229.39
嘉峪关	21.21	15.25	13.33
金　昌	12.00	5.55	10.58
白　银	55.25	30.86	29.73
天　水	25.96	7.56	22.20
武　威	10.90	4.33	8.46
张　掖	31.41	16.72	23.45
平　凉	22.14	9.62	16.31
酒　泉	21.64	10.94	21.36
庆　阳	34.73	9.97	27.01
定　西	33.86	7.19	19.45
陇　南	21.68	8.85	11.39
临　夏	26.06	9.11	13.10
甘　南	8.17	2.82	2.43

1-B-13　续表 8

(其他企业)　　单位：亿元

地　区	资产总计	负债合计	营业收入
全　省	**13.17**	**1.76**	**6.96**
兰　州	0.62	0.21	0.56
嘉峪关			
金　昌	1.27	0.18	1.13
白　银	1.94	0.41	1.54
天　水	1.33	0.17	0.45
武　威	1.23	0.11	0.37
张　掖	0.62	0.06	0.42
平　凉	0.79	0.11	0.21
酒　泉	1.17	0.15	0.74
庆　阳	0.83	0.04	0.37
定　西	1.61	0.16	0.54
陇　南	1.34	0.11	0.53
临　夏	0.34	0.04	0.06
甘　南	0.10	0.01	0.03

1-B-13　续表 9

(港、澳、台商投资企业)　　单位：亿元

地　区	资产总计	负债合计	营业收入
全　省	**4.32**	**2.06**	**12.65**
兰　州	4.32	2.06	12.65
嘉峪关			
金　昌			
白　银			
天　水			
武　威			
张　掖			
平　凉			
酒　泉			
庆　阳			
定　西			
陇　南			
临　夏			
甘　南			

1-B-13　续表 10

(外商投资企业)　　单位：亿元

地　区	资产总计	负债合计	营业收入
全　省	**2.66**	**1.01**	**8.60**
兰　州	2.55	0.94	8.56
嘉峪关			
金　昌			
白　银			
天　水			
武　威			
张　掖	0.03	0.03	
平　凉	0.08	0.03	0.03
酒　泉			
庆　阳			
定　西			
陇　南			
临　夏			
甘　南			

1-B-14　分地区零售业法人企业财务状况(按零售业态分)

(有店铺零售)　　单位：亿元

地　区	资产总计	负债合计	营业收入
全　省	**898.62**	**483.27**	**1022.59**
兰　州	384.71	241.78	497.13
嘉峪关	27.12	20.00	24.21
金　昌	20.51	10.55	28.72
白　银	58.58	30.46	63.92
天　水	66.72	32.20	76.13
武　威	32.03	15.23	25.58
张　掖	51.36	26.87	49.54
平　凉	31.10	15.28	28.67
酒　泉	58.18	30.36	50.54
庆　阳	50.32	19.35	46.11
定　西	46.03	14.46	48.67
陇　南	28.28	10.12	35.98
临　夏	29.62	11.20	31.98
甘　南	14.06	5.42	15.42

1-B-14　续表 1

(食杂店)　　单位：亿元

地　区	资产总计	负债合计	营业收入
全　省	**29.13**	**7.41**	**11.43**
兰　州	6.31	4.30	3.47
嘉峪关	0.42	0.09	0.23
金　昌	0.73	0.34	0.51
白　银	1.15	0.44	1.84
天　水	1.80	0.48	1.25
武　威	0.72	0.09	0.29
张　掖	1.51	0.59	0.84
平　凉	0.61	0.19	0.28
酒　泉	0.83	0.16	0.61
庆　阳	0.81	0.10	0.50
定　西	8.73	0.12	0.54
陇　南	0.65	0.10	0.36
临　夏	3.93	0.24	0.44
甘　南	0.95	0.18	0.25

1-B-14 续表 2

(便利店) 单位：亿元

地　区	资产总计	负债合计	营业收入
全　省	**76.88**	**41.40**	**141.80**
兰　州	35.29	20.28	69.12
嘉峪关	3.89	3.60	2.29
金　昌	1.04	0.39	0.82
白　银	5.42	1.64	2.30
天　水	1.68	0.19	1.17
武　威	1.99	0.36	0.74
张　掖	2.53	1.13	1.10
平　凉	2.19	0.69	0.61
酒　泉	1.61	0.47	1.24
庆　阳	7.51	5.92	7.10
定　西	4.77	3.85	22.57
陇　南	4.48	1.55	20.58
临　夏	1.56	0.18	0.70
甘　南	2.92	1.15	11.46

1-B-14 续表 3

(折扣店) 单位：亿元

地　区	资产总计	负债合计	营业收入
全　省	**9.85**	**3.83**	**6.82**
兰　州	2.42	1.21	2.66
嘉峪关	0.02		
金　昌	0.04	0.02	0.02
白　银	0.82	0.28	1.08
天　水	0.40	0.14	0.24
武　威	0.74	0.28	0.36
张　掖	0.36	0.19	0.30
平　凉	1.22	0.21	0.18
酒　泉	0.60	0.13	0.44
庆　阳	2.11	1.23	1.08
定　西	0.09	0.02	0.09
陇　南	0.38	0.07	0.23
临　夏	0.38	0.06	0.11
甘　南	0.26		0.02

1-B-14　续表 4

(超市)　单位：亿元

地　区	资产总计	负债合计	营业收入
全　省	**46.32**	**18.35**	**39.93**
兰　州	6.35	2.64	6.43
嘉峪关	0.93	0.57	1.20
金　昌	2.08	1.31	1.85
白　银	2.92	1.34	2.31
天　水	4.96	1.79	4.72
武　威	2.05	1.03	1.80
张　掖	3.72	2.00	1.89
平　凉	2.60	1.02	3.81
酒　泉	3.23	1.72	5.36
庆　阳	4.57	0.92	2.98
定　西	5.87	1.61	2.82
陇　南	4.81	1.76	3.17
临　夏	1.17	0.49	0.79
甘　南	1.06	0.15	0.81

1-B-14　续表 5

(大型超市)　单位：亿元

地　区	资产总计	负债合计	营业收入
全　省	**31.01**	**22.99**	**41.15**
兰　州	14.17	10.01	24.82
嘉峪关	3.37	3.39	2.06
金　昌	0.25	0.18	0.56
白　银	1.66	0.58	1.68
天　水			0.01
武　威	0.35	0.22	0.04
张　掖	2.47	1.84	5.43
平　凉	0.56	0.05	0.15
酒　泉	0.10	0.09	0.10
庆　阳	5.84	5.62	5.86
定　西	1.16	0.02	0.10
陇　南	0.98	0.76	0.21
临　夏	0.10	0.21	0.14
甘　南			

1-B-14 续表 6

(仓储会员店) 单位：亿元

地 区	资产总计	负债合计	营业收入
全 省	**14.24**	**5.84**	**8.32**
兰 州	3.78	2.58	2.46
嘉峪关	0.02		0.01
金 昌	0.29	0.23	0.36
白 银	1.13	0.33	0.33
天 水	1.20	0.54	0.75
武 威	0.66	0.50	0.12
张 掖	0.81	0.24	0.34
平 凉	0.70	0.59	0.94
酒 泉	0.61	0.03	0.18
庆 阳	1.65	0.13	1.11
定 西	1.38	0.27	1.23
陇 南	0.75	0.21	0.26
临 夏	0.36	0.17	0.10
甘 南	0.90	0.02	0.12

1-B-14 续表 7

(百货店) 单位：亿元

地 区	资产总计	负债合计	营业收入
全 省	**136.74**	**64.45**	**96.60**
兰 州	73.26	31.47	60.65
嘉峪关	2.29	1.77	0.90
金 昌	1.18	0.75	3.08
白 银	8.03	5.32	4.18
天 水	20.85	13.38	12.25
武 威	2.58	1.13	1.76
张 掖	3.67	1.64	2.40
平 凉	1.11	0.40	0.42
酒 泉	4.89	1.86	4.01
庆 阳	5.73	0.72	2.59
定 西	2.96	0.99	1.11
陇 南	2.29	0.49	0.94
临 夏	5.30	3.06	1.56
甘 南	2.61	1.50	0.73

1-B-14　续表 8

(专业店)　　单位：亿元

地　区	资产总计	负债合计	营业收入
全　省	**294.02**	**160.11**	**354.35**
兰　州	124.59	83.87	156.79
嘉峪关	9.62	6.09	13.74
金　昌	7.06	3.44	14.19
白　银	27.13	13.20	40.21
天　水	10.19	4.29	13.04
武　威	11.87	5.21	6.56
张　掖	20.63	9.99	17.96
平　凉	12.08	7.15	10.32
酒　泉	18.97	8.77	16.93
庆　阳	16.22	4.95	15.51
定　西	10.33	2.80	7.51
陇　南	9.63	4.26	5.80
临　夏	11.27	4.19	23.52
甘　南	4.43	1.92	12.28

1-B-14　续表 9

(专卖店)　　单位：亿元

地　区	资产总计	负债合计	营业收入
全　省	**299.82**	**188.46**	**385.16**
兰　州	140.53	108.40	178.44
嘉峪关	10.70	8.30	7.71
金　昌	7.83	3.90	7.84
白　银	17.54	7.47	13.19
天　水	18.52	7.89	39.96
武　威	13.06	6.57	14.90
张　掖	12.71	8.05	9.83
平　凉	9.93	5.42	11.16
酒　泉	18.99	11.68	21.59
庆　阳	14.96	6.42	16.53
定　西	14.51	7.92	33.66
陇　南	11.59	3.32	24.59
临　夏	6.83	2.76	4.77
甘　南	2.09	0.34	0.99

1-B-14 续表 10

(家居建材商店) 单位：亿元

地 区	资产总计	负债合计	营业收入
全 省	**52.60**	**23.17**	**24.08**
兰 州	14.15	8.11	7.41
嘉峪关	0.96	0.54	0.25
金 昌	0.70	0.20	0.52
白 银	2.29	1.12	1.12
天 水	10.43	3.96	4.38
武 威	0.52	0.24	0.22
张 掖	1.44	0.47	0.83
平 凉	2.88	1.09	1.43
酒 泉	2.71	1.29	1.82
庆 阳	2.68	0.45	1.50
定 西	2.83	0.78	0.99
陇 南	1.79	0.59	1.52
临 夏	7.35	3.44	1.48
甘 南	1.86	0.90	0.60

1-B-14 续表 11

(购物中心) 单位：亿元

地 区	资产总计	负债合计	营业收入
全 省	**32.08**	**16.35**	**15.48**
兰 州	13.60	8.29	7.51
嘉峪关	0.38	0.25	0.21
金 昌	0.08	0.02	0.41
白 银	1.06	0.49	0.67
天 水	0.61	0.49	0.43
武 威	0.78	0.03	0.11
张 掖	2.62	1.92	1.30
平 凉	0.79	0.22	1.88
酒 泉	5.31	3.18	0.97
庆 阳	2.90	0.11	0.63
定 西	1.33	0.20	0.30
陇 南	1.15	0.56	0.26
临 夏	1.14	0.60	0.65
甘 南	0.32	0.00	0.16

1-B-14　续表 12

(厂家直销中心)　单位：亿元

地　区	资产总计	负债合计	营业收入
全　省	**39.63**	**19.95**	**38.71**
兰　州	11.81	8.13	12.72
嘉峪关	1.19	0.85	1.45
金　昌	0.67	0.52	0.24
白　银	4.07	1.59	2.21
天　水	2.67	1.36	2.26
武　威	1.00	0.45	0.44
张　掖	4.21	0.93	10.96
平　凉	1.76	0.74	1.26
酒　泉	5.02	2.72	1.92
庆　阳	1.81	0.58	1.63
定　西	1.26	0.22	1.01
陇　南	1.69	0.34	1.21
临　夏	1.87	1.37	1.32
甘　南	0.60	0.15	0.07

1-B-14　续表 13

(无店铺零售)　单位：亿元

地　区	资产总计	负债合计	营业收入
全　省	**312.53**	**160.21**	**148.97**
兰　州	193.32	106.43	91.85
嘉峪关	3.09	1.15	0.48
金　昌	4.32	2.01	2.63
白　银	28.81	17.10	12.25
天　水	13.43	7.10	9.29
武　威	7.27	2.91	4.69
张　掖	8.33	4.95	5.07
平　凉	7.24	2.44	3.33
酒　泉	8.68	4.18	3.97
庆　阳	10.22	2.75	3.36
定　西	6.77	2.51	4.64
陇　南	11.14	3.88	4.50
临　夏	8.75	2.67	2.42
甘　南	1.16	0.14	0.50

1-B-14 续表 14

(电视购物) 单位：亿元

地 区	资产总计	负债合计	营业收入
全 省	**1.08**	**0.65**	**0.58**
兰 州	0.31	0.26	0.15
嘉峪关			
金 昌			
白 银	0.05	0.01	0.02
天 水			
武 威	0.06	0.05	0.08
张 掖			
平 凉	0.01	0.07	0.22
酒 泉	0.06	0.01	0.01
庆 阳	0.03		0.01
定 西	0.38	0.24	0.08
陇 南	0.13		0.01
临 夏			
甘 南	0.04		

1-B-14 续表 15

(邮购) 单位：亿元

地 区	资产总计	负债合计	营业收入
全 省	**3.37**	**1.63**	**1.34**
兰 州	1.17	0.84	0.31
嘉峪关			
金 昌	0.01		
白 银	0.91	0.52	0.35
天 水	0.16	0.01	0.06
武 威	0.05		0.01
张 掖	0.11	0.01	0.04
平 凉	0.15	0.06	0.13
酒 泉	0.08	0.01	0.03
庆 阳	0.09	0.01	0.03
定 西	0.15	0.01	0.05
陇 南	0.41	0.07	0.32
临 夏	0.08	0.07	0.01
甘 南	0.01		

1-B-14　续表 16

(网上商店)　　单位：亿元

地　区	资产总计	负债合计	营业收入
全　省	**19.46**	**9.38**	**21.79**
兰　州	9.22	5.84	16.69
嘉峪关	0.01	0.02	
金　昌	0.02	0.01	0.01
白　银	1.28	0.62	1.02
天　水	1.42	0.22	1.13
武　威	0.30	0.01	0.23
张　掖	1.22	0.27	0.81
平　凉	0.13	0.02	0.07
酒　泉	0.11	0.06	0.15
庆　阳	1.58	0.43	0.44
定　西	0.42	0.05	0.21
陇　南	3.08	1.74	0.73
临　夏	0.40	0.08	0.11
甘　南	0.28	0.01	0.18

1-B-14　续表 17

(自动售货亭)　　单位：亿元

地　区	资产总计	负债合计	营业收入
全　省	**0.90**	**0.33**	**0.87**
兰　州	0.13	0.06	0.07
嘉峪关			
金　昌	0.01		0.01
白　银	0.03	0.01	0.02
天　水	0.30	0.10	0.03
武　威	0.08	0.05	0.04
张　掖	0.04	0.01	0.03
平　凉	0.11	0.09	0.62
酒　泉	0.04		
庆　阳	0.07		0.03
定　西	0.01		
陇　南			0.01
临　夏			
甘　南	0.06		

1-B-14 续表 18

(电话购物) 单位：亿元

地 区	资产总计	负债合计	营业收入
全 省	**4.94**	**1.24**	**6.48**
兰 州	1.57	0.52	5.34
嘉峪关			
金 昌	0.04	0.02	0.02
白 银	0.39	0.17	0.15
天 水	0.90	0.31	0.30
武 威	0.19	0.02	0.04
张 掖	0.04	0.01	0.03
平 凉	0.05	0.01	0.02
酒 泉	0.94	0.04	0.08
庆 阳	0.42	0.11	0.37
定 西	0.07	0.01	0.05
陇 南	0.17		0.02
临 夏	0.05	0.01	0.01
甘 南	0.10		0.07

1-B-14 续表 19

(其他) 单位：亿元

地 区	资产总计	负债合计	营业收入
全 省	**295.66**	**153.34**	**138.69**
兰 州	188.92	103.89	87.79
嘉峪关	3.09	1.15	0.48
金 昌	4.24	1.99	2.60
白 银	27.63	16.51	11.31
天 水	11.28	6.58	8.13
武 威	6.83	2.83	4.38
张 掖	7.20	4.69	4.28
平 凉	6.92	2.21	2.30
酒 泉	7.62	4.07	3.77
庆 阳	8.29	2.25	2.61
定 西	6.10	2.24	4.37
陇 南	8.32	2.21	4.05
临 夏	8.38	2.59	2.30
甘 南	0.85	0.13	0.32

第2篇

住宿和餐饮业企业基本情况及财务状况篇

A. 行业部分

2-A-1　住宿业法人企业基本情况

分　组	法人单位数（个）	从业人员期末人数（人）
住宿业	**2423**	**48585**
按国民经济行业分组		
旅游饭店	618	26247
一般旅馆	1536	19050
经济型连锁酒店	159	2613
其他一般旅馆	1377	16437
民宿服务	37	299
露营地服务	3	11
其他住宿业	229	2978
按登记注册类型分组		
内资企业	2421	48084
国有企业	54	4986
集体企业	36	574
股份合作企业	2	12
联营企业	5	556
国有联营企业	1	533
集体联营企业	1	8
国有与集体联营企业	2	15
其他联营企业	1	
有限责任公司	627	16320
国有独资公司	20	2658
其他有限责任公司	607	13662
股份有限公司	67	1531
私营企业	1610	24006
私营独资企业	334	2780
私营合伙企业	15	122
私营有限责任公司	1199	19966
私营股份有限公司	62	1138
其他企业	20	99
港、澳、台商投资企业	1	183
与港澳台商合资经营企业	1	183
与港澳台商合作经营企业		
港澳台商独资经营企业		
港澳台商投资股份有限公司		
其他港澳台投资企业		
外商投资企业	1	318
中外合资经营企业	1	318
中外合作经营企业		
外资企业		
外商投资股份有限公司		
其他外商投资		
按星级分组		
一星	30	194
二星	102	2045
三星	278	8745
四星	110	7393
五星	20	3117
其他	1883	27091

2-A-2 限额以上住宿业法人企业基本情况

分组	法人单位数（个）	从业人员期末人数（人）
住宿业	**353**	**25334**
按国民经济行业分组		
旅游饭店	232	20182
一般旅馆	98	4162
其他一般旅馆	86	3475
民宿服务		
露营地服务		
其他住宿业	23	990
按登记注册类型分组		
内资企业	351	24833
国有企业	32	3980
集体企业	3	191
股份合作企业		
联营企业	1	533
国有联营企业	1	533
集体联营企业		
国有与集体联营企业		
其他联营企业		
有限责任公司	132	10207
国有独资公司	15	2302
其他有限责任公司	117	7905
股份有限公司	10	603
私营企业	173	9319
私营独资企业	15	776
私营合伙企业	1	18
私营有限责任公司	149	8081
私营股份有限公司	8	444
其他企业		
港、澳、台商投资企业	1	183
与港澳台商合资经营企业	1	183
与港澳台商合作经营企业		
港澳台商独资经营企业		
港澳台商投资股份有限公司		
其他港澳台投资企业		
外商投资企业	1	318
中外合资经营企业	1	318
中外合作经营企业		
外资企业		
外商投资股份有限公司		
其他外商投资		
按星级分组		
一星		
二星	11	1135
三星	76	5047
四星	57	6022
五星	7	1985
其他	202	11145

2-A-3　住宿业法人企业财务状况

单位：亿元

分　组	资产总计	负债合计	营业收入
住宿业	**298.20**	**164.57**	**58.33**
按国民经济行业分组			
旅游饭店	176.66	111.65	34.88
一般旅馆	105.15	46.20	19.97
经济型连锁酒店	15.74	8.62	3.93
其他一般旅馆	89.40	37.58	16.04
民宿服务	1.62	0.20	0.19
露营地服务	0.05		
其他住宿业	14.73	6.51	3.28
按登记注册类型分组			
内资企业	296.32	163.22	57.50
国有企业	15.85	7.86	6.80
集体企业	1.56	1.89	0.52
股份合作企业	0.05		0.01
联营企业	1.10	0.21	0.35
国有联营企业	1.04	0.20	0.31
集体联营企业	0.04	0.01	0.01
国有与集体联营企业	0.02		0.03
其他联营企业			
有限责任公司	128.46	82.52	20.89
国有独资公司	39.38	28.97	4.60
其他有限责任公司	89.08	53.54	16.29
股份有限公司	7.74	5.52	1.90
私营企业	141.21	65.18	27.00
私营独资企业	13.28	5.06	2.75
私营合伙企业	0.59	0.07	0.11
私营有限责任公司	122.52	56.15	22.98
私营股份有限公司	4.82	3.90	1.15
其他企业	0.34	0.04	0.05
港、澳、台商投资企业	0.55	0.07	0.33
与港澳台商合资经营企业	0.55	0.07	0.33
与港澳台商合作经营企业			
港澳台商独资经营企业			
港澳台商投资股份有限公司			
其他港澳台投资企业			
外商投资企业	1.34	1.27	0.50
中外合资经营企业	1.34	1.27	0.50
中外合作经营企业			
外资企业			
外商投资股份有限公司			
其他外商投资			
按星级分组			
一星	5.19	3.34	0.14
二星	7.83	3.66	1.93
三星	44.31	18.75	9.86
四星	42.49	26.25	9.60
五星	13.49	9.28	4.34
其他	184.89	103.29	32.46

2-A-4 限额以上住宿业法人企业财务状况

单位：亿元

分　组	资产总计	负债合计	营业收入
住宿业	**156.11**	**102.61**	**37.19**
按国民经济行业分组			
旅游饭店	136.05	90.84	29.29
一般旅馆	16.94	10.02	6.66
经济型连锁酒店	4.99	2.75	1.57
其他一般旅馆	11.95	7.27	5.08
民宿服务			
露营地服务			
其他住宿业	3.13	1.76	1.25
按登记注册类型分组			
内资企业	154.22	101.27	36.36
国有企业	12.07	6.92	5.90
集体企业	0.54	0.55	0.21
股份合作企业			
联营企业	1.04	0.20	0.31
国有联营企业	1.04	0.20	0.31
集体联营企业			
国有与集体联营企业			
其他联营企业			
有限责任公司	90.66	63.52	15.20
国有独资公司	36.90	27.87	4.29
其他有限责任公司	53.76	35.65	10.91
股份有限公司	2.53	1.98	0.81
私营企业	47.39	28.10	13.92
私营独资企业	2.53	1.37	0.93
私营合伙企业	0.08	0.01	0.05
私营有限责任公司	42.84	24.93	12.32
私营股份有限公司	1.94	1.79	0.63
其他企业			
港、澳、台商投资企业	0.55	0.07	0.33
与港澳台商合资经营企业	0.55	0.07	0.33
与港澳台商合作经营企业			
港澳台商独资经营企业			
港澳台商投资股份有限公司			
其他港澳台投资企业			
外商投资企业	1.34	1.27	0.50
中外合资经营企业	1.34	1.27	0.50
中外合作经营企业			
外资企业			
外商投资股份有限公司			
其他外商投资			
按星级分组			
一星			
二星	4.89	2.34	1.30
三星	22.01	12.55	6.24
四星	33.93	22.35	8.28
五星	5.72	4.13	3.67
其他	89.56	61.24	17.70

2-A-5　餐饮业法人企业基本情况

分　组	法人单位数(个)	从业人员期末人数(人)	年末餐饮营业面积(万平方米)
餐饮业	**3474**	**53026**	**309.3**
按国民经济行业分组			
正餐服务	2988	46828	286.3
快餐服务	134	3251	5.9
饮料及冷饮服务	87	495	3.3
茶馆服务	30	170	1.4
咖啡馆服务	16	81	0.2
酒吧服务	27	181	1.6
其他饮料及冷饮服务	14	63	0.1
餐饮配送及外卖送餐服务	61	917	1.1
餐饮配送服务	39	649	1.0
外卖送餐服务	22	268	0.1
其他餐饮业	204	1535	12.6
小吃服务	131	874	6.4
其他未列明餐饮业	73	661	6.2
按登记注册类型分组			
内资企业	3472	51536	308.0
国有企业	13	757	4.4
集体企业	5	47	0.9
股份合作企业	1	20	
联营企业	3	41	0.2
国有联营企业			
集体联营企业	2	38	0.2
国有与集体联营企业			
其他联营企业	1	3	
有限责任公司	830	14582	100.0
国有独资公司	4	101	2.1
其他有限责任公司	826	14481	97.9
股份有限公司	79	1347	6.6
私营企业	2507	34491	192.0
私营独资企业	410	3802	25.5
私营合伙企业	23	211	0.6
私营有限责任公司	1982	29307	161.3
私营股份有限公司	92	1171	4.7
其他企业	34	251	3.9
港、澳、台商投资企业			
与港澳台商合资经营企业			
与港澳台商合作经营企业			
港澳台商独资经营企业			
港澳台商投资股份有限公司			
其他港澳台投资企业			
外商投资企业	2	1490	1.3
中外合资经营企业			
中外合作经营企业			
外资企业	1	1480	1.2
外商投资股份有限公司			
其他外商投资	1	10	

2-A-6 限额以上餐饮业法人企业基本情况

分组	法人单位数(个)	从业人员期末人数(人)	年末餐饮营业面积(万平方米)
餐饮业	**348**	**21204**	**78.7**
按国民经济行业分组			
正餐服务	335	18518	76.3
快餐服务	7	2297	1.7
饮料及冷饮服务	1	12	0.3
茶馆服务			
咖啡馆服务			
酒吧服务	1	12	0.3
其他饮料及冷饮服务			
餐饮配送及外卖送餐服务	1	300	
餐饮配送服务	1	300	
外卖送餐服务			
其他餐饮业	4	77	0.4
小吃服务	1	18	
其他未列明餐饮业	3	59	0.4
按登记注册类型分组			
内资企业	347	19724	77.5
国有企业	11	689	3.1
集体企业	1	42	0.8
股份合作企业			
联营企业	1	25	
国有联营企业			
集体联营企业	1	25	
国有与集体联营企业			
其他联营企业			
有限责任公司	97	6119	29.3
国有独资公司			
其他有限责任公司	97	6119	29.3
股份有限公司	8	440	1.3
私营企业	229	12409	43.0
私营独资企业	24	985	2.5
私营合伙企业			
私营有限责任公司	194	11081	39.3
私营股份有限公司	11	343	1.2
其他企业			
港、澳、台商投资企业			
与港澳台商合资经营企业			
与港澳台商合作经营企业			
港澳台商独资经营企业			
港澳台商投资股份有限公司			
其他港澳台投资企业			
外商投资企业	1	1480	1.2
中外合资经营企业			
中外合作经营企业			
外资企业	1	1480	1.2
外商投资股份有限公司			
其他外商投资			
按单位规模分组			
大型	1	1480	1.2
中型	20	4936	13.9
小型	303	14549	60.2
微型	24	239	3.3

2-A-7 餐饮业法人企业财务状况

单位：亿元

分 组	资产总计	负债合计	营业收入
餐饮业	**135.57**	**51.79**	**53.36**
按国民经济行业分组			
正餐服务	123.81	48.33	46.40
快餐服务	3.13	1.23	4.48
饮料及冷饮服务	0.88	0.29	0.42
茶馆服务	0.38	0.06	0.18
咖啡馆服务	0.12	0.06	0.05
酒吧服务	0.27	0.04	0.17
其他饮料及冷饮服务	0.10	0.13	0.02
餐饮配送及外卖送餐服务	1.13	0.24	0.84
餐饮配送服务	1.05	0.23	0.64
外卖送餐服务	0.08	0.01	0.20
其他餐饮业	6.63	1.71	1.22
小吃服务	1.56	0.61	0.61
其他未列明餐饮业	5.07	1.10	0.61
按登记注册类型分组			
内资企业	134.58	51.46	50.41
国有企业	2.34	0.85	0.72
集体企业	0.10	0.09	0.05
股份合作企业		0.01	0.03
联营企业	0.09		0.10
国有联营企业			
集体联营企业	0.09		0.09
国有与集体联营企业			
其他联营企业			
有限责任公司	39.04	16.74	15.35
国有独资公司	1.01	1.12	0.03
其他有限责任公司	38.03	15.62	15.33
股份有限公司	4.31	1.79	1.31
私营企业	87.92	31.88	32.74
私营独资企业	7.56	1.92	3.58
私营合伙企业	0.18	0.05	0.22
私营有限责任公司	78.57	29.43	27.53
私营股份有限公司	1.61	0.48	1.41
其他企业	0.77	0.11	0.11
港、澳、台商投资企业			
与港澳台商合资经营企业			
与港澳台商合作经营企业			
港澳台商独资经营企业			
港澳台商投资股份有限公司			
其他港澳台投资企业			
外商投资企业	0.99	0.33	2.96
中外合资经营企业			
中外合作经营企业			
外资企业	0.98	0.33	2.95
外商投资股份有限公司			
其他外商投资	0.01		0.01

2-A-8 限额以上餐饮业法人企业财务状况

单位：亿元

分　组	资产总计	负债合计	营业收入
餐饮业	**49.29**	**28.72**	**29.99**
按国民经济行业分组			
正餐服务	47.07	27.62	25.47
快餐服务	1.92	0.94	3.93
饮料及冷饮服务	0.01		0.05
茶馆服务			
咖啡馆服务			
酒吧服务	0.01		0.05
其他饮料及冷饮服务			
餐饮配送及外卖送餐服务	0.12	0.11	0.37
餐饮配送服务	0.12	0.11	0.37
外卖送餐服务			
其他餐饮业	0.18	0.06	0.16
小吃服务	0.05	0.01	0.02
其他未列明餐饮业	0.13	0.04	0.14
按登记注册类型分组			
内资企业	48.31	28.39	27.04
国有企业	1.81	0.69	0.68
集体企业	0.10	0.09	0.04
股份合作企业			
联营企业	0.09		0.08
国有联营企业			
集体联营企业	0.09		0.08
国有与集体联营企业			
其他联营企业			
有限责任公司	16.20	7.30	8.45
国有独资公司			
其他有限责任公司	16.20	7.30	8.45
股份有限公司	1.19	0.51	0.86
私营企业	28.91	19.80	16.93
私营独资企业	2.04	1.02	1.46
私营合伙企业			
私营有限责任公司	26.39	18.61	14.77
私营股份有限公司	0.48	0.17	0.69
其他企业			
港、澳、台商投资企业			
与港澳台商合资经营企业			
与港澳台商合作经营企业			
港澳台商独资经营企业			
港澳台商投资股份有限公司			
其他港澳台投资企业			
外商投资企业	0.98	0.33	2.95
中外合资经营企业			
中外合作经营企业			
外资企业	0.98	0.33	2.95
外商投资股份有限公司			
其他外商投资			
按单位规模分组			
大型	0.98	0.33	2.95
中型	10.14	5.53	7.79
小型	37.71	22.72	18.95
微型	0.46	0.15	0.30

B. 地区部分

2-B-1　分地区住宿业法人企业基本情况

地　区	法人单位数 (个)	年末从业人数 (人)
全　省	**2423**	**48585**
兰　州	542	15886
嘉峪关	75	1314
金　昌	38	649
白　银	124	1400
天　水	270	4316
武　威	79	1663
张　掖	201	2692
平　凉	149	2809
酒　泉	245	4167
庆　阳	101	2194
定　西	142	2550
陇　南	132	2846
临　夏	145	2642
甘　南	180	3457

2-B-2　分地区住宿业法人企业基本情况(按国民经济行业分)

(旅游饭店)

地　区	法人单位数 (个)	从业人员期末人数 (人)
全　省	**618**	**26247**
兰　州	97	7789
嘉峪关	24	822
金　昌	10	377
白　银	12	218
天　水	72	2800
武　威	11	524
张　掖	55	1733
平　凉	22	1446
酒　泉	107	2981
庆　阳	9	842
定　西	34	1202
陇　南	47	1657
临　夏	39	1660
甘　南	79	2196

2-B-2 续表 1

(一般旅馆)

地 区	法人单位数 (个)	从业人员期末人数 (人)
全 省	**1536**	**19050**
兰 州	394	7014
嘉峪关	43	392
金 昌	22	225
白 银	109	1162
天 水	182	1436
武 威	59	1046
张 掖	128	819
平 凉	104	1138
酒 泉	110	949
庆 阳	79	1014
定 西	75	963
陇 南	65	1025
临 夏	83	797
甘 南	83	1070

2-B-2 续表 2

(民宿服务)

地 区	法人单位数 (个)	从业人员期末人数 (人)
全 省	**37**	**299**
兰 州	2	9
嘉峪关	4	20
金 昌		
白 银		
天 水	2	22
武 威		
张 掖	2	10
平 凉	5	49
酒 泉	3	8
庆 阳	1	7
定 西	8	98
陇 南	4	25
临 夏	3	40
甘 南	3	11

2-B-2　续表 3

(露营地服务)

地　区	法人单位数(个)	从业人员期末人数(人)
全　省	**3**	**11**
兰　州		
嘉峪关		
金　昌		
白　银		
天　水		
武　威		
张　掖	1	1
平　凉		
酒　泉	1	10
庆　阳		
定　西		
陇　南		
临　夏	1	
甘　南		

2-B-2　续表 4

(其他住宿业)

地　区	法人单位数(个)	从业人员期末人数(人)
全　省	**229**	**2978**
兰　州	49	1074
嘉峪关	4	80
金　昌	6	47
白　银	3	20
天　水	14	58
武　威	9	93
张　掖	15	129
平　凉	18	176
酒　泉	24	219
庆　阳	12	331
定　西	25	287
陇　南	16	139
临　夏	19	145
甘　南	15	180

2-B-3 分地区住宿业法人企业基本情况(按登记注册类型分)

(内资企业)

地 区	法人单位数 (个)	从业人员期末人数 (人)
全 省	**2421**	**48084**
兰 州	541	15568
嘉峪关	75	1314
金 昌	38	649
白 银	124	1400
天 水	270	4316
武 威	79	1663
张 掖	201	2692
平 凉	149	2809
酒 泉	244	3984
庆 阳	101	2194
定 西	142	2550
陇 南	132	2846
临 夏	145	2642
甘 南	180	3457

2-B-3 续表 1

(国有企业)

地 区	法人单位数 (个)	从业人员期末人数 (人)
全 省	**54**	**4986**
兰 州	19	2634
嘉峪关		
金 昌		
白 银		
天 水	7	285
武 威		
张 掖	4	266
平 凉	7	650
酒 泉	1	7
庆 阳	5	500
定 西	5	273
陇 南	4	220
临 夏	1	139
甘 南	1	12

2-B-3　续表 2

(集体企业)

地　区	法人单位数 (个)	从业人员期末人数 (人)
全　省	**36**	**574**
兰　州	17	426
嘉峪关	2	18
金　昌		
白　银	2	6
天　水	2	24
武　威		
张　掖	2	18
平　凉	4	21
酒　泉	2	10
庆　阳	1	6
定　西	2	31
陇　南		
临　夏	2	14
甘　南		

2-B-3　续表 3

(股份合作企业)

地　区	法人单位数 (个)	从业人员期末人数 (人)
全　省	**2**	**12**
兰　州	1	2
嘉峪关		
金　昌	1	10
白　银		
天　水		
武　威		
张　掖		
平　凉		
酒　泉		
庆　阳		
定　西		
陇　南		
临　夏		
甘　南		

2-B-3　续表 4

(联营企业)

地　区	法人单位数 (个)	从业人员期末人数 (人)
全　省	**5**	**556**
兰　州	2	3
嘉峪关		
金　昌		
白　银		
天　水		
武　威		
张　掖	1	8
平　凉		
酒　泉	1	12
庆　阳	1	533
定　西		
陇　南		
临　夏		
甘　南		

2-B-3　续表 5

(有限责任公司)

地　区	法人单位数 (个)	从业人员期末人数 (人)
全　省	**627**	**16320**
兰　州	103	5466
嘉峪关	17	367
金　昌	17	419
白　银	12	161
天　水	67	1892
武　威	31	578
张　掖	42	644
平　凉	32	934
酒　泉	128	2330
庆　阳	25	344
定　西	28	518
陇　南	37	617
临　夏	28	785
甘　南	60	1265

2-B-3　续表 6

(股份有限公司)

地　区	法人单位数 (个)	从业人员期末人数 (人)
全　省	**67**	**1531**
兰　州	13	491
嘉峪关	2	88
金　昌		
白　银	2	41
天　水	10	225
武　威	1	1
张　掖	6	100
平　凉	2	101
酒　泉	6	167
庆　阳	2	18
定　西	8	80
陇　南	8	123
临　夏	1	20
甘　南	6	76

2-B-3　续表 7

(私营企业)

地　区	法人单位数 (个)	从业人员期末人数 (人)
全　省	**1610**	**24006**
兰　州	386	6546
嘉峪关	54	841
金　昌	20	220
白　银	108	1192
天　水	182	1874
武　威	47	1084
张　掖	145	1656
平　凉	104	1103
酒　泉	106	1458
庆　阳	67	793
定　西	95	1628
陇　南	80	1880
临　夏	111	1677
甘　南	105	2054

2-B-3 续表 8

(其他企业)

地 区	法人单位数（个）	从业人员期末人数（人）
全 省	**20**	**99**
兰 州		
嘉峪关		
金 昌		
白 银		
天 水	2	16
武 威		
张 掖	1	
平 凉		
酒 泉		
庆 阳		
定 西	4	20
陇 南	3	6
临 夏	2	7
甘 南	8	50

2-B-3 续表 9

(港、澳、台商投资企业)

地 区	法人单位数（个）	从业人员期末人数（人）
全 省	**1**	**183**
兰 州		
嘉峪关		
金 昌		
白 银		
天 水		
武 威		
张 掖		
平 凉		
酒 泉	1	183
庆 阳		
定 西		
陇 南		
临 夏		
甘 南		

2-B-3 续表 10

(外商投资企业)

地 区	法人单位数(个)	从业人员期末人数(人)
全 省	**1**	**318**
兰 州	1	318
嘉峪关		
金 昌		
白 银		
天 水		
武 威		
张 掖		
平 凉		
酒 泉		
庆 阳		
定 西		
陇 南		
临 夏		
甘 南		

2-B-4 分地区住宿业法人企业基本情况(按星级分)

(一星)

地 区	法人单位数(个)	从业人员期末人数(人)
全 省	**30**	**194**
兰 州	6	23
嘉峪关		
金 昌	1	
白 银	7	16
天 水	6	23
武 威	1	4
张 掖		
平 凉		
酒 泉	1	23
庆 阳		
定 西	3	36
陇 南	2	19
临 夏	2	21
甘 南	1	29

2-B-4 续表 1

(二星)

地区	法人单位数(个)	从业人员期末人数(人)
全省	**102**	**2045**
兰州	10	164
嘉峪关	4	26
金昌	4	41
白银	6	63
天水	13	124
武威	3	9
张掖	10	58
平凉	5	47
酒泉	11	497
庆阳	5	427
定西	13	372
陇南	6	94
临夏	5	48
甘南	7	75

2-B-4 续表 2

(三星)

地区	法人单位数(个)	从业人员期末人数(人)
全省	**278**	**8745**
兰州	44	2393
嘉峪关	7	178
金昌	6	375
白银	22	338
天水	31	699
武威	15	683
张掖	33	578
平凉	10	368
酒泉	26	535
庆阳	4	144
定西	20	652
陇南	12	538
临夏	10	328
甘南	38	936

2-B-4 续表 3

(四星)

地 区	法人单位数 (个)	从业人员期末人数 (人)
全 省	**110**	**7393**
兰 州	18	2788
嘉峪关	6	117
金 昌		
白 银	4	166
天 水	12	657
武 威	5	136
张 掖	17	610
平 凉	7	545
酒 泉	13	723
庆 阳	1	2
定 西	2	204
陇 南	12	652
临 夏	5	323
甘 南	8	470

2-B-4 续表 4

(五星)

地 区	法人单位数 (个)	从业人员期末人数 (人)
全 省	**20**	**3117**
兰 州	7	1539
嘉峪关	1	4
金 昌		
白 银		
天 水	1	45
武 威	3	203
张 掖	3	313
平 凉		
酒 泉	1	65
庆 阳	1	533
定 西	2	210
陇 南		
临 夏	1	205
甘 南		

2-B-4 续表 5

(其他)

地 区	法人单位数 (个)	从业人员期末人数 (人)
全 省	**1883**	**27091**
兰 州	457	8979
嘉峪关	57	989
金 昌	27	233
白 银	85	817
天 水	207	2768
武 威	52	628
张 掖	138	1133
平 凉	127	1849
酒 泉	193	2324
庆 阳	90	1088
定 西	102	1076
陇 南	100	1543
临 夏	122	1717
甘 南	126	1947

2-B-5 分地区住宿业法人企业财务状况

单位：亿元

地 区	资产总计	负债合计	营业收入
全 省	**298.20**	**164.57**	**58.33**
兰 州	72.50	47.16	24.89
嘉峪关	7.34	4.49	1.45
金 昌	2.76	1.56	0.70
白 银	8.46	3.91	1.39
天 水	14.24	6.99	4.79
武 威	7.40	3.85	1.43
张 掖	19.41	10.61	3.17
平 凉	12.89	8.03	2.67
酒 泉	55.13	33.74	6.08
庆 阳	8.31	2.42	1.91
定 西	11.23	4.04	2.19
陇 南	16.07	7.33	2.43
临 夏	32.72	17.15	2.46
甘 南	29.75	13.28	2.78

2-B-6　分地区住宿业法人企业财务状况(按国民经济行业分)

(旅游饭店)　　单位：亿元

地　区	资产总计	负债合计	营业收入
全　省	**176.66**	**111.65**	**34.88**
兰　州	39.00	28.02	14.27
嘉峪关	4.91	2.98	0.92
金　昌	0.64	0.38	0.44
白　银	1.18	1.16	0.23
天　水	9.90	5.37	3.66
武　威	1.80	1.23	0.36
张　掖	12.29	7.33	2.20
平　凉	6.76	4.69	1.40
酒　泉	47.10	30.52	4.60
庆　阳	2.04	0.50	0.61
定　西	4.28	1.24	1.16
陇　南	10.12	5.60	1.61
临　夏	21.30	14.40	1.66
甘　南	15.34	8.24	1.78

2-B-6　续表 1

(一般旅馆)　　单位：亿元

地　区	资产总计	负债合计	营业收入
全　省	**105.15**	**46.20**	**19.97**
兰　州	30.09	17.37	9.16
嘉峪关	2.10	1.33	0.45
金　昌	1.91	1.11	0.22
白　银	7.05	2.69	1.14
天　水	4.20	1.57	1.08
武　威	5.43	2.49	0.99
张　掖	6.15	2.91	0.82
平　凉	4.92	3.02	1.06
酒　泉	6.40	2.40	1.12
庆　阳	5.64	1.68	1.06
定　西	3.45	0.99	0.65
陇　南	4.24	0.96	0.68
临　夏	10.87	2.66	0.68
甘　南	12.68	5.01	0.88

2-B-6 续表 2

(民宿服务) 单位：亿元

地 区	资产总计	负债合计	营业收入
全 省	**1.62**	**0.20**	**0.19**
兰 州	0.01		
嘉峪关	0.05	0.05	0.01
金 昌			
白 银			
天 水	0.08		0.01
武 威			
张 掖	0.03	0.01	0.01
平 凉	0.16	0.02	0.02
酒 泉	0.02	0.01	0.01
庆 阳	0.05		
定 西	0.51	0.10	0.07
陇 南	0.56		0.02
临 夏	0.13	0.01	0.04
甘 南	0.02		

2-B-6 续表 3

(露营地服务) 单位：亿元

地 区	资产总计	负债合计	营业收入
全 省	**0.05**		
兰 州			
嘉峪关			
金 昌			
白 银			
天 水			
武 威			
张 掖	0.02		
平 凉			
酒 泉	0.03		
庆 阳			
定 西			
陇 南			
临 夏			
甘 南			

2-B-6　续表 4

(其他住宿业)　单位：亿元

地　区	资产总计	负债合计	营业收入
全　省	**14.73**	**6.51**	**3.28**
兰　州	3.40	1.78	1.46
嘉峪关	0.27	0.12	0.07
金　昌	0.20	0.08	0.04
白　银	0.23	0.06	0.02
天　水	0.07	0.04	0.04
武　威	0.17	0.12	0.09
张　掖	0.92	0.36	0.15
平　凉	1.05	0.30	0.19
酒　泉	1.57	0.81	0.35
庆　阳	0.58	0.24	0.24
定　西	2.99	1.72	0.31
陇　南	1.14	0.76	0.12
临　夏	0.41	0.07	0.09
甘　南	1.72	0.03	0.12

2-B-7　分地区住宿业法人企业财务状况(按登记注册类型分)

(内资企业)　单位：亿元

地　区	资产总计	负债合计	营业收入
全　省	**296.32**	**163.22**	**57.50**
兰　州	71.16	45.89	24.39
嘉峪关	7.34	4.49	1.45
金　昌	2.76	1.56	0.70
白　银	8.46	3.91	1.39
天　水	14.24	6.99	4.79
武　威	7.40	3.85	1.43
张　掖	19.41	10.61	3.17
平　凉	12.89	8.03	2.67
酒　泉	54.58	33.67	5.74
庆　阳	8.31	2.42	1.91
定　西	11.23	4.04	2.19
陇　南	16.07	7.33	2.43
临　夏	32.72	17.15	2.46
甘　南	29.75	13.28	2.78

2-B-7 续表 1

(国有企业) 单位：亿元

地 区	资产总计	负债合计	营业收入
全 省	**15.85**	**7.86**	**6.80**
兰 州	8.50	3.01	4.67
嘉峪关			
金 昌			
白 银			
天 水	1.71	0.26	0.24
武 威			
张 掖	0.50	0.84	0.37
平 凉	2.06	2.01	0.51
酒 泉	0.13		0.01
庆 阳	0.63	0.33	0.35
定 西	1.30	0.73	0.25
陇 南	0.82	0.52	0.16
临 夏	0.20	0.17	0.24
甘 南			

2-B-7 续表 2

(集体企业) 单位：亿元

地 区	资产总计	负债合计	营业收入
全 省	**1.56**	**1.89**	**0.52**
兰 州	1.04	1.32	0.40
嘉峪关	0.01		0.01
金 昌			
白 银	0.03	0.02	0.01
天 水	0.16	0.51	
武 威			
张 掖	0.02		0.05
平 凉	0.04	0.03	0.02
酒 泉	0.02		0.01
庆 阳			
定 西	0.15		0.01
陇 南			
临 夏	0.09		0.01
甘 南			

2-B-7　续表 3

(股份合作企业)　　单位：亿元

地　区	资产总计	负债合计	营业收入
全　省	**0.05**		**0.01**
兰　州	0.01		
嘉峪关			
金　昌	0.04		0.01
白　银			
天　水			
武　威			
张　掖			
平　凉			
酒　泉			
庆　阳			
定　西			
陇　南			
临　夏			
甘　南			

2-B-7　续表 4

(联营企业)　　单位：亿元

地　区	资产总计	负债合计	营业收入
全　省	**1.10**	**0.21**	**0.35**
兰　州			0.01
嘉峪关			
金　昌			
白　银			
天　水			
武　威			
张　掖	0.04	0.01	0.01
平　凉			
酒　泉	0.02		0.03
庆　阳	1.04	0.20	0.31
定　西			
陇　南			
临　夏			
甘　南			

2-B-7 续表 5

(有限责任公司) 单位：亿元

地 区	资产总计	负债合计	营业收入
全 省	**128.46**	**82.52**	**20.89**
兰 州	32.74	22.86	8.90
嘉峪关	1.85	0.62	0.38
金 昌	1.23	0.37	0.45
白 银	0.81	0.56	0.14
天 水	6.04	3.55	2.24
武 威	3.26	2.45	0.45
张 掖	5.73	3.25	0.82
平 凉	5.00	3.54	1.01
酒 泉	39.70	25.50	3.37
庆 阳	1.90	1.05	0.39
定 西	3.26	1.17	0.50
陇 南	5.13	2.60	0.51
临 夏	10.81	8.43	0.66
甘 南	11.01	6.55	1.06

2-B-7 续表 6

(股份有限公司) 单位：亿元

地 区	资产总计	负债合计	营业收入
全 省	**7.74**	**5.52**	**1.90**
兰 州	3.23	3.07	0.86
嘉峪关	0.22	0.38	0.09
金 昌			
白 银	0.02	0.01	0.02
天 水	0.37	0.38	0.20
武 威			
张 掖	0.56	0.18	0.15
平 凉	0.60	0.08	0.07
酒 泉	1.04	0.86	0.19
庆 阳	0.01	0.02	0.04
定 西	0.43	0.29	0.04
陇 南	0.43	0.06	0.14
临 夏	0.01	0.01	0.01
甘 南	0.83	0.17	0.09

2-B-7 续表 7

(私营企业) 单位：亿元

地 区	资产总计	负债合计	营业收入
全 省	**141.21**	**65.18**	**27.00**
兰 州	25.65	15.62	9.55
嘉峪关	5.26	3.48	0.97
金 昌	1.49	1.19	0.24
白 银	7.61	3.32	1.22
天 水	5.95	2.28	2.09
武 威	4.14	1.40	0.98
张 掖	12.56	6.33	1.77
平 凉	5.19	2.38	1.06
酒 泉	13.67	7.31	2.15
庆 阳	4.73	0.82	0.81
定 西	6.09	1.85	1.39
陇 南	9.68	4.16	1.62
临 夏	21.51	8.50	1.51
甘 南	17.68	6.55	1.62

2-B-7 续表 8

(其他企业) 单位：亿元

地 区	资产总计	负债合计	营业收入
全 省	**0.34**	**0.04**	**0.05**
兰 州			
嘉峪关			
金 昌			
白 银			
天 水	0.01		0.01
武 威			
张 掖			
平 凉			
酒 泉			
庆 阳			
定 西			
陇 南	0.01		
临 夏	0.09	0.03	0.02
甘 南	0.23	0.01	0.01

2-B-7　续表 9

(港、澳、台商投资企业)　　　　单位：亿元

地区	资产总计	负债合计	营业收入
全省	**0.55**	**0.07**	**0.33**
兰州			
嘉峪关			
金昌			
白银			
天水			
武威			
张掖			
平凉			
酒泉	0.55	0.07	0.33
庆阳			
定西			
陇南			
临夏			
甘南			

2-B-7　续表 10

(外商投资企业)　　　　单位：亿元

地区	资产总计	负债合计	营业收入
全省	**1.34**	**1.27**	**0.50**
兰州	1.34	1.27	0.50
嘉峪关			
金昌			
白银			
天水			
武威			
张掖			
平凉			
酒泉			
庆阳			
定西			
陇南			
临夏			
甘南			

2-B-8　分地区住宿业法人企业财务状况(按星级分)

(一星)　　单位：亿元

地　区	资产总计	负债合计	营业收入
全　省	**5.19**	**3.34**	**0.14**
兰　州	0.03	0.01	0.01
嘉峪关			
金　昌			
白　银	0.01		0.01
天　水	0.05	0.01	0.02
武　威	0.02		0.01
张　掖			
平　凉			
酒　泉	4.50	3.20	
庆　阳			
定　西	0.09	0.08	0.01
陇　南	0.06		0.03
临　夏	0.06	0.03	0.01
甘　南	0.36	0.01	0.05

2-B-8　续表 1

(二星)　　单位：亿元

地　区	资产总计	负债合计	营业收入
全　省	**7.83**	**3.66**	**1.93**
兰　州	0.56	0.12	0.12
嘉峪关	0.08	0.05	0.02
金　昌	0.14	0.06	0.03
白　银	0.29		0.03
天　水	0.39	0.07	0.08
武　威	0.34	0.23	
张　掖	0.19	0.13	0.06
平　凉	0.28	0.17	0.04
酒　泉	3.60	1.75	0.75
庆　阳	0.42	0.16	0.29
定　西	1.07	0.76	0.33
陇　南	0.11	0.02	0.06
临　夏	0.14	0.10	0.02
甘　南	0.21	0.05	0.09

2-B-8 续表 2

(三星) 单位：亿元

地 区	资产总计	负债合计	营业收入
全 省	**44.31**	**18.75**	**9.86**
兰 州	12.09	4.13	3.37
嘉峪关	1.89	1.47	0.16
金 昌	0.74	0.38	0.44
白 银	2.13	0.85	0.31
天 水	2.74	1.23	0.89
武 威	2.76	0.96	0.46
张 掖	4.05	2.47	0.61
平 凉	0.72	0.46	0.37
酒 泉	3.77	2.57	0.94
庆 阳	0.30	0.17	0.12
定 西	2.91	0.75	0.58
陇 南	2.51	0.30	0.33
临 夏	1.01	0.27	0.38
甘 南	6.68	2.73	0.88

2-B-8 续表 3

(四星) 单位：亿元

地 区	资产总计	负债合计	营业收入
全 省	**42.49**	**26.25**	**9.60**
兰 州	10.93	7.91	4.84
嘉峪关	1.15	0.34	0.12
金 昌			
白 银	0.85	0.65	0.10
天 水	3.06	1.69	0.75
武 威	1.16	1.45	0.07
张 掖	5.69	2.11	0.85
平 凉	2.28	1.65	0.39
酒 泉	5.36	2.87	1.14
庆 阳			
定 西	0.28	0.02	0.03
陇 南	5.59	4.02	0.59
临 夏	4.67	2.53	0.43
甘 南	1.48	1.00	0.29

2-B-8 续表 4

(五星) 单位：亿元

地 区	资产总计	负债合计	营业收入
全 省	**13.49**	**9.28**	**4.34**
兰 州	8.35	6.26	2.75
嘉峪关	0.01	0.01	
金 昌			
白 银			
天 水	0.80		0.05
武 威	0.27	0.18	0.11
张 掖	0.74	1.00	0.36
平 凉			
酒 泉	0.50	0.45	0.21
庆 阳	1.04	0.20	0.31
定 西	0.61	0.01	0.27
陇 南			
临 夏	1.17	1.18	0.27
甘 南			

2-B-8 续表 5

(其他) 单位：亿元

地 区	资产总计	负债合计	营业收入
全 省	**184.89**	**103.29**	**32.46**
兰 州	40.54	28.74	13.80
嘉峪关	4.21	2.62	1.15
金 昌	1.88	1.13	0.23
白 银	5.18	2.41	0.94
天 水	7.20	3.99	2.99
武 威	2.86	1.03	0.77
张 掖	8.73	4.90	1.29
平 凉	9.61	5.74	1.88
酒 泉	37.40	22.90	3.04
庆 阳	6.56	1.90	1.18
定 西	6.27	2.42	0.96
陇 南	7.79	2.99	1.43
临 夏	25.66	13.02	1.35
甘 南	21.02	9.48	1.46

2-B-9 分地区餐饮业法人企业基本情况

地 区	法人单位数(个)	从业人员期末人数(人)	年末餐饮营业面积(万平方米)
全 省	**3474**	**53026**	**309.3**
兰 州	1298	21056	92.0
嘉峪关	50	1088	5.5
金 昌	68	1232	11.2
白 银	152	1909	10.6
天 水	324	4978	19.0
武 威	142	1921	15.7
张 掖	221	2304	15.1
平 凉	159	2511	16.8
酒 泉	156	2138	18.3
庆 阳	212	3661	25.9
定 西	189	3485	20.6
陇 南	160	1780	14.1
临 夏	181	3272	25.3
甘 南	162	1691	19.2

2-B-10 分地区餐饮业法人企业基本情况(按国民经济行业分)

(正餐服务)

地 区	法人单位数(个)	从业人员期末人数(人)	年末餐饮营业面积(万平方米)
全 省	**2988**	**46828**	**286.3**
兰 州	1117	17231	84.8
嘉峪关	38	962	5.0
金 昌	61	1127	8.2
白 银	126	1700	10.2
天 水	270	4594	16.8
武 威	123	1791	13.1
张 掖	200	2209	14.7
平 凉	138	2331	15.8
酒 泉	121	1863	17.1
庆 阳	171	3435	24.7
定 西	170	3243	20.2
陇 南	139	1584	13.6
临 夏	166	3165	24.6
甘 南	148	1593	17.4

2-B-10　续表 1

(快餐服务)

地　区	法人单位数（个）	从业人员期末人数（人）	年末餐饮营业面积（万平方米）
全　省	**134**	**3251**	**5.9**
兰　州	61	2643	2.5
嘉峪关	5	67	0.1
金　昌	2	2	0.0
白　银	9	52	0.2
天　水	12	122	0.3
武　威	6	46	1.9
张　掖	6	23	0.1
平　凉	7	50	0.2
酒　泉	5	93	0.3
庆　阳	9	50	0.1
定　西	4	24	0.1
陇　南	2	43	0.1
临　夏	3	29	0.1
甘　南	3	7	0.0

2-B-10　续表 2

(饮料及冷饮服务)

地　区	法人单位数（个）	从业人员期末人数（人）	年末餐饮营业面积（万平方米）
全　省	**87**	**495**	**3.3**
兰　州	38	211	0.8
嘉峪关			
金　昌	1	2	
白　银	3	6	
天　水	16	116	1.3
武　威	1	6	0.1
张　掖	5	18	0.2
平　凉	1	20	
酒　泉	6	58	0.1
庆　阳	3	18	0.4
定　西	3	1	
陇　南	5	28	0.1
临　夏	3	3	
甘　南	2	8	0.1

2-B-10 续表 3

(餐饮配送及外卖送餐服务)

地 区	法人单位数(个)	从业人员期末人数(人)	年末餐饮营业面积(万平方米)
全 省	**61**	**917**	**1.1**
兰 州	14	405	0.2
嘉峪关			
金 昌	1	35	
白 银	10	102	0.1
天 水	4	24	
武 威	1	10	0.3
张 掖	2	6	
平 凉	5	25	0.2
酒 泉	3	22	0.1
庆 阳	11	69	0.1
定 西	5	173	0.1
陇 南	1		
临 夏	3	36	
甘 南	1	10	

2-B-10 续表 4

(其他餐饮业)

地 区	法人单位数(个)	从业人员期末人数(人)	年末餐饮营业面积(万平方米)
全 省	**204**	**1535**	**12.6**
兰 州	68	566	3.7
嘉峪关	7	59	0.4
金 昌	3	66	2.9
白 银	4	49	0.1
天 水	22	122	0.6
武 威	11	68	0.3
张 掖	8	48	0.2
平 凉	8	85	0.6
酒 泉	21	102	0.7
庆 阳	18	89	0.6
定 西	7	44	0.2
陇 南	13	125	0.3
临 夏	6	39	0.5
甘 南	8	73	1.6

2-B-11　分地区餐饮业法人企业基本情况(按登记注册类型分)

(内资企业)

地　区	法人单位数(个)	从业人员期末人数(人)	年末餐饮营业面积(万平方米)
全　省	**3472**	**51536**	**308.0**
兰　州	1297	19576	90.8
嘉峪关	50	1088	5.5
金　昌	68	1232	11.2
白　银	152	1909	10.6
天　水	323	4968	19.0
武　威	142	1921	15.7
张　掖	221	2304	15.1
平　凉	159	2511	16.8
酒　泉	156	2138	18.3
庆　阳	212	3661	25.9
定　西	189	3485	20.6
陇　南	160	1780	14.1
临　夏	181	3272	25.3
甘　南	162	1691	19.2

2-B-11　续表 1

(国有企业)

地　区	法人单位数(个)	从业人员期末人数(人)	年末餐饮营业面积(万平方米)
全　省	**13**	**757**	**4.4**
兰　州	1	51	0.1
嘉峪关			
金　昌			
白　银	1	46	1.2
天　水	2	72	0.2
武　威	1	47	0.1
张　掖	1	17	0.1
平　凉	1	95	0.8
酒　泉	1	40	0.2
庆　阳	5	389	1.8
定　西			
陇　南			
临　夏			
甘　南			

2-B-11 续表 2

(集体企业)

地 区	法人单位数 (个)	从业人员期末人数 (人)	年末餐饮营业面积 (万平方米)
全 省	**5**	**47**	**0.9**
兰 州	2	42	0.8
嘉峪关			
金 昌			
白 银			
天 水	1	5	
武 威			
张 掖			
平 凉			
酒 泉			
庆 阳			
定 西			
陇 南			
临 夏			
甘 南	2		

2-B-11 续表 3

(股份合作企业)

地 区	法人单位数 (个)	从业人员期末人数 (人)	年末餐饮营业面积 (万平方米)
全 省	**1**	**20**	
兰 州	1	20	
嘉峪关			
金 昌			
白 银			
天 水			
武 威			
张 掖			
平 凉			
酒 泉			
庆 阳			
定 西			
陇 南			
临 夏			
甘 南			

2-B-11　续表 4

(联营企业)

地　区	法人单位数 (个)	从业人员期末人数 (人)	年末餐饮营业面积 (万平方米)
全　省	**3**	**41**	**0.2**
兰　州	1	3	
嘉峪关			
金　昌			
白　银			
天　水	1	25	
武　威			
张　掖			
平　凉	1	13	0.1
酒　泉			
庆　阳			
定　西			
陇　南			
临　夏			
甘　南			

2-B-11　续表 5

(有限责任公司)

地　区	法人单位数 (个)	从业人员期末人数 (人)	年末餐饮营业面积 (万平方米)
全　省	**830**	**14582**	**100.0**
兰　州	191	3955	21.8
嘉峪关	17	778	2.9
金　昌	22	364	6.2
白　银	23	433	2.8
天　水	102	1746	6.8
武　威	56	839	5.5
张　掖	49	722	3.7
平　凉	35	611	3.1
酒　泉	84	1193	11.9
庆　阳	61	1019	6.8
定　西	44	919	8.2
陇　南	57	795	5.5
临　夏	30	640	5.9
甘　南	59	568	9.0

2-B-11 续表 6

(股份有限公司)

地 区	法人单位数(个)	从业人员期末人数(人)	年末餐饮营业面积(万平方米)
全 省	**79**	**1347**	**6.6**
兰 州	21	579	1.6
嘉峪关			
金 昌			
白 银	3	12	
天 水	12	164	0.5
武 威	3	28	0.1
张 掖	3	3	0.1
平 凉	5	34	0.1
酒 泉	4	21	0.1
庆 阳	4	16	0.4
定 西	7	186	2.1
陇 南	7	53	0.4
临 夏	4	86	0.8
甘 南	6	165	0.4

2-B-11 续表 7

(私营企业)

地 区	法人单位数(个)	从业人员期末人数(人)	年末餐饮营业面积(万平方米)
全 省	**2507**	**34491**	**192.0**
兰 州	1079	14926	66.6
嘉峪关	33	310	2.6
金 昌	44	846	4.9
白 银	123	1414	6.0
天 水	202	2948	11.2
武 威	79	996	9.8
张 掖	165	1546	11.1
平 凉	117	1758	12.6
酒 泉	66	880	6.2
庆 阳	142	2237	16.9
定 西	137	2380	10.3
陇 南	94	925	8.1
临 夏	146	2510	17.8
甘 南	80	815	7.9

2-B-11　续表 8

（其他企业）

地　区	法人单位数（个）	从业人员期末人数（人）	年末餐饮营业面积（万平方米）
全　省	**34**	**251**	**3.9**
兰　州	1		
嘉峪关			
金　昌	2	22	0.2
白　银	2	4	0.5
天　水	3	8	0.1
武　威	3	11	0.2
张　掖	3	16	0.2
平　凉			
酒　泉	1	4	
庆　阳			
定　西	1		
陇　南	2	7	0.1
临　夏	1	36	0.8
甘　南	15	143	1.8

2-B-11　续表 9

（外商投资企业）

地　区	法人单位数（个）	从业人员期末人数（人）	年末餐饮营业面积（万平方米）
全　省	**2**	**1490**	**1.3**
兰　州	1	1480	1.2
嘉峪关			
金　昌			
白　银			
天　水	1	10	
武　威			
张　掖			
平　凉			
酒　泉			
庆　阳			
定　西			
陇　南			
临　夏			
甘　南			

2-B-12 分地区餐饮业法人企业财务状况

单位：亿元

地　区	资产总计	负债合计	营业收入
全　省	**135.57**	**51.79**	**53.36**
兰　州	40.04	14.91	25.09
嘉峪关	1.25	0.66	1.38
金　昌	3.77	2.66	1.44
白　银	4.90	2.43	1.49
天　水	11.52	6.41	4.53
武　威	16.70	3.01	1.87
张　掖	5.75	2.59	2.28
平　凉	4.94	1.31	1.65
酒　泉	6.73	3.46	2.18
庆　阳	7.46	2.36	3.99
定　西	10.22	4.69	2.74
陇　南	3.83	1.40	1.30
临　夏	12.01	4.93	2.14
甘　南	6.44	0.98	1.28

2-B-13 分地区餐饮业法人企业财务状况(按国民经济行业分)

(正餐服务)　　单位：亿元

地　区	资产总计	负债合计	营业收入
全　省	**123.81**	**48.33**	**46.40**
兰　州	32.69	12.33	19.97
嘉峪关	1.09	0.55	1.25
金　昌	3.46	2.34	1.32
白　银	4.79	2.41	1.38
天　水	11.07	6.37	4.23
武　威	15.44	2.98	1.78
张　掖	5.65	2.57	2.21
平　凉	4.67	1.27	1.55
酒　泉	6.37	3.35	1.90
庆　阳	7.22	2.35	3.78
定　西	10.01	4.63	2.56
陇　南	3.59	1.39	1.18
临　夏	11.82	4.90	2.10
甘　南	5.95	0.90	1.19

2-B-13　续表 1

(快餐服务)

单位：亿元

地　区	资产总计	负债合计	营业收入
全　省	**3.13**	**1.23**	**4.48**
兰　州	2.09	1.03	4.00
嘉峪关	0.06	0.03	0.07
金　昌	0.02		
白　银	0.02		0.04
天　水	0.11		0.05
武　威	0.39		0.05
张　掖	0.03		0.02
平　凉	0.13	0.01	0.03
酒　泉	0.13	0.06	0.14
庆　阳	0.03		0.03
定　西	0.08	0.05	0.01
陇　南	0.04	0.01	0.01
临　夏	0.02	0.02	0.03
甘　南			

2-B-13　续表 2

(饮料及冷饮服务)

单位：亿元

地　区	资产总计	负债合计	营业收入
全　省	**0.88**	**0.29**	**0.42**
兰　州	0.29	0.21	0.18
嘉峪关			
金　昌			
白　银	0.01		
天　水	0.22	0.03	0.14
武　威	0.01		
张　掖	0.02	0.01	0.02
平　凉	0.05		0.01
酒　泉	0.05	0.02	0.04
庆　阳	0.03		0.02
定　西			
陇　南	0.04		0.01
临　夏	0.01		
甘　南	0.14	0.01	

2-B-13 续表 3

(餐饮配送及外卖送餐服务) 单位：亿元

地 区	资产总计	负债合计	营业收入
全 省	**1.13**	**0.24**	**0.84**
兰 州	0.30	0.19	0.56
嘉峪关			
金 昌	0.02		0.02
白 银	0.03	0.01	0.04
天 水	0.04		
武 威	0.54		
张 掖	0.01		
平 凉	0.07	0.02	0.01
酒 泉	0.01		0.02
庆 阳	0.07		0.03
定 西	0.02	0.01	0.09
陇 南			
临 夏	0.02		
甘 南			0.06

2-B-13 续表 4

(其他餐饮业) 单位：亿元

地 区	资产总计	负债合计	营业收入
全 省	**6.63**	**1.71**	**1.22**
兰 州	4.67	1.15	0.38
嘉峪关	0.11	0.08	0.06
金 昌	0.28	0.32	0.11
白 银	0.06		0.02
天 水	0.07		0.10
武 威	0.33	0.03	0.04
张 掖	0.04		0.03
平 凉	0.03	0.01	0.05
酒 泉	0.17	0.03	0.08
庆 阳	0.11		0.13
定 西	0.10		0.09
陇 南	0.17	0.01	0.10
临 夏	0.14	0.01	0.01
甘 南	0.34	0.07	0.03

2-B-14　分地区餐饮业法人企业财务状况(按登记注册类型分)

(内资企业)　　单位：亿元

地　区	资产总计	负债合计	营业收入
全　省	**134.58**	**51.46**	**50.41**
兰　州	39.05	14.58	22.14
嘉峪关	1.25	0.66	1.38
金　昌	3.77	2.66	1.44
白　银	4.90	2.43	1.49
天　水	11.51	6.41	4.53
武　威	16.70	3.01	1.87
张　掖	5.75	2.59	2.28
平　凉	4.94	1.31	1.65
酒　泉	6.73	3.46	2.18
庆　阳	7.46	2.36	3.99
定　西	10.22	4.69	2.74
陇　南	3.83	1.40	1.30
临　夏	12.01	4.93	2.14
甘　南	6.44	0.98	1.28

2-B-14　续表 1

(国有企业)　　单位：亿元

地　区	资产总计	负债合计	营业收入
全　省	**2.34**	**0.85**	**0.72**
兰　州	0.08		0.10
嘉峪关			
金　昌			
白　银	0.52	0.15	0.03
天　水	0.33	0.09	0.05
武　威	0.09	0.06	0.05
张　掖	0.05	0.06	0.05
平　凉	0.49	0.08	0.10
酒　泉	0.08	0.05	0.04
庆　阳	0.71	0.36	0.31
定　西			
陇　南			
临　夏			
甘　南			

2-B-14 续表 2

(集体企业)　　　　　　　　　　　　　　　　　　　　单位：亿元

地 区	资产总计	负债合计	营业收入
全 省	**0.10**	**0.09**	**0.05**
兰 州	0.10	0.09	0.04
嘉峪关			
金 昌			
白 银			
天 水			
武 威			
张 掖			
平 凉			
酒 泉			
庆 阳			
定 西			
陇 南			
临 夏			
甘 南			

2-B-14 续表 3

(股份合作企业)　　　　　　　　　　　　　　　　　　　　单位：亿元

地 区	资产总计	负债合计	营业收入
全 省		**0.01**	**0.03**
兰 州		0.01	0.03
嘉峪关			
金 昌			
白 银			
天 水			
武 威			
张 掖			
平 凉			
酒 泉			
庆 阳			
定 西			
陇 南			
临 夏			
甘 南			

2-B-14 续表 4

(联营企业) 单位：亿元

地 区	资产总计	负债合计	营业收入
全 省	**0.09**		**0.10**
兰 州			
嘉峪关			
金 昌			
白 银			
天 水	0.09		0.08
武 威			
张 掖			
平 凉			0.01
酒 泉			
庆 阳			
定 西			
陇 南			
临 夏			
甘 南			

2-B-14 续表 5

(有限责任公司) 单位：亿元

地 区	资产总计	负债合计	营业收入
全 省	**39.04**	**16.74**	**15.35**
兰 州	10.29	4.24	4.87
嘉峪关	0.80	0.56	1.13
金 昌	0.54	0.42	0.37
白 银	0.90	0.49	0.38
天 水	4.87	2.80	1.96
武 威	2.87	0.75	0.62
张 掖	1.70	0.58	1.04
平 凉	1.17	0.52	0.30
酒 泉	2.49	0.75	1.26
庆 阳	2.66	0.71	1.28
定 西	4.36	2.57	0.66
陇 南	1.57	0.84	0.60
临 夏	2.31	1.25	0.45
甘 南	2.50	0.28	0.42

2-B-14 续表 6

(股份有限公司) 单位：亿元

地 区	资产总计	负债合计	营业收入
全 省	**4.31**	**1.79**	**1.31**
兰 州	1.66	0.97	0.78
嘉峪关			
金 昌			
白 银			
天 水	0.11	0.04	0.10
武 威	0.04		0.01
张 掖			
平 凉	0.15	0.03	0.04
酒 泉	0.06		0.01
庆 阳	0.01		0.01
定 西	1.61	0.65	0.26
陇 南	0.10	0.01	0.05
临 夏	0.11	0.02	0.03
甘 南	0.46	0.05	0.03

2-B-14 续表 7

(私营企业) 单位：亿元

地 区	资产总计	负债合计	营业收入
全 省	**87.92**	**31.88**	**32.74**
兰 州	26.93	9.28	16.32
嘉峪关	0.45	0.10	0.24
金 昌	3.17	2.24	1.06
白 银	3.48	1.79	1.08
天 水	6.06	3.46	2.32
武 威	13.60	2.20	1.18
张 掖	3.94	1.95	1.19
平 凉	3.13	0.67	1.19
酒 泉	4.09	2.66	0.87
庆 阳	4.07	1.28	2.39
定 西	4.24	1.47	1.82
陇 南	2.14	0.55	0.65
临 夏	9.50	3.64	1.64
甘 南	3.13	0.58	0.79

2-B-14　续表 8

(其他企业)　　单位：亿元

地　区	资产总计	负债合计	营业收入
全　省	**0.77**	**0.11**	**0.11**
兰　州			
嘉峪关			
金　昌	0.07		0.01
白　银			
天　水	0.06		0.01
武　威	0.10		0.01
张　掖	0.06	0.01	
平　凉			
酒　泉	0.01	0.01	
庆　阳			
定　西	0.01		
陇　南	0.01		
临　夏	0.10	0.02	0.02
甘　南	0.35	0.08	0.05

2-B-14　续表 9

(外商投资企业)　　单位：亿元

地　区	资产总计	负债合计	营业收入
全　省	**0.99**	**0.33**	**2.96**
兰　州	0.98	0.33	2.95
嘉峪关			
金　昌			
白　银			
天　水	0.01		0.01
武　威			
张　掖			
平　凉			
酒　泉			
庆　阳			
定　西			
陇　南			
临　夏			
甘　南			

第3篇

房地产开发经营业生产经营及财务状况篇

3-1 各地区按登记注册类型分

地区	总计	内资企业					
			国有企业	集体企业	股份合作企业	国有联营企业	集体联营企业
全省	**2480**	**2465**	**23**	**12**			
兰州	816	803	10	3			
嘉峪关	57	57					
金昌	51	51	1				
白银	170	170					
天水	217	217	5	4			
武威	117	116	1				
张掖	193	193	2				
平凉	121	121	3	1			
酒泉	145	144		4			
庆阳	148	148					
定西	171	171	1				
陇南	123	123					
临夏	108	108					
甘南	43	43					

注：表3-1、3-2、3-3统计范围为全部房地产开发经营业法人单位，本篇其他表统计范围为有开发经营活动的房地产开发经营业法人单位。

3-1 续表

地区			港、澳、台商投资企业				
	私营股份有限公司	其他内资企业		合资经营企业(港、澳、台资)	合作经营企业(港、澳、台资)	港、澳、台商独资经营企业	港、澳、台商投资股份有限公司
全省	**69**		**9**	**8**			
兰州	23		8	7			
嘉峪关							
金昌	2						
白银	3						
天水	7						
武威	2		1	1			
张掖	5						
平凉	3						
酒泉	4						
庆阳	1						
定西	3						
陇南	11						
临夏	3						
甘南	2						

房地产开发企业个数

单位：个

国有与集体联营企业	其他联营企业	国有独资公司	其他有限责任公司	股份有限公司	私营独资企业	私营合伙企业	私营有限责任公司
		44	**1030**	**78**	**5**		**1204**
		19	300	23	1		424
		2	9	1			45
			30				18
			47	1	1		118
		4	125	9			63
		1	76	4			32
		5	69	2			110
		5	54	8			47
			80	5			51
		2	42	7			96
		4	87	2	1		73
		2	46	11			53
			38	3	2		62
			27	2			12

单位：个

其他港、澳、台投资企业	外商投资企业	中外合资经营企业	中外合作经营企业	独资企业	外商投资股份有限公司	其他外商投资企业
	6	**2**		**3**		**1**
	5	2		2		1
	1			1		

3-2 各地区按登记注册类型分房地产

地 区	总 计	内资企业					
			国有企业	集体企业	股份合作企 业	国有联营企 业	集体联营企 业
全 省	**48295**	**47927**	**725**	**171**			
兰 州	19877	19528	240	32			
嘉峪关	930	930					
金 昌	661	661	8				
白 银	2711	2711					
天 水	4990	4990	210	63			
武 威	2003	1996	18				
张 掖	3374	3374	118				
平 凉	2476	2476	74	22			
酒 泉	1456	1444		54			
庆 阳	2490	2490					
定 西	2794	2794	57				
陇 南	2080	2080					
临 夏	1982	1982					
甘 南	471	471					

3-2 续表

地 区			港、澳、台商投资企 业				
	私营股份有限公司	其他内资企 业		合资经营企业(港、澳、台资)	合作经营企业(港、澳、台资)	港、澳、台商独资经营企业	港、澳、台商投资股份有限公司
全 省	**1252**		**277**	**276**		**1**	
兰 州	381		270	269		1	
嘉峪关							
金 昌	24						
白 银	26						
天 水	49						
武 威	71		7	7			
张 掖	55						
平 凉	40						
酒 泉	44						
庆 阳	10						
定 西	40						
陇 南	447						
临 夏	29						
甘 南	36						

开发企业年末从业人数

单位：人

国有与集体联营企业	其他联营企业	国有独资公司	其他有限责任公司	股份有限公司	私营独资企业	私营合伙企业	私营有限责任公司
		1260	**21830**	**1500**	**36**		**21153**
		796	9430	378	2		8269
		47	113	1			769
			387				242
			878		6		1801
		28	3209	169			1262
		28	1199	49			631
		136	860	17			2188
		127	1270	174			769
			822	34			490
		35	577	315			1553
		33	1536	51			1077
		30	652	277			674
			605	18	28		1302
			292	17			126

单位：人

其他港、澳、台投资企业	外商投资企业	中外合资经营企业	中外合作经营企业	独资企业	外商投资股份有限公司	其他外商投资企业
	91	**56**		**35**		
	79	56		23		
	12			12		

3-3 各地区按登记注册类型分

地区	总计	内资企业	国有企业	集体企业	股份合作企业	国有联营企业	集体联营企业
全省	**65134998**	**64702596**	**873633**	**32854**			
兰州	38740654	38314129	428116	14930			
嘉峪关	1958285	1958285					
金昌	549811	549811	2456				
白银	2140769	2140769					
天水	5881540	5881540	269523	7702			
武威	1960566	1957878	4317				
张掖	2522295	2522295	126590				
平凉	2045148	2045148	41390	393			
酒泉	1608219	1605030		9829			
庆阳	2769541	2769541					
定西	2430070	2430070	1242				
陇南	1549647	1549647					
临夏	763672	763672					
甘南	214783	214783					

3-3 续表

地区	私营股份有限公司	其他内资企业	港、澳、台商投资企业	合资经营企业(港、澳、台资)	合作经营企业(港、澳、台资)	港、澳、台商独资经营企业	港、澳、台商投资股份有限公司
全省	**724320**		**328177**	**322730**		**5448**	
兰州	414250		325489	320042		5448	
嘉峪关							
金昌	16702						
白银	14724						
天水	10202						
武威	6313		2688	2688			
张掖	47439						
平凉	45004						
酒泉	53830						
庆阳	6145						
定西	15027						
陇南	77676						
临夏	6033						
甘南	10974						

房地产开发企业资产总计

单位：万元

国有与集体联营企业	其他联营企业	国有独资公司	其他有限责任公司	股份有限公司	私营独资企业	私营合伙企业	私营有限责任公司
		5299645	**33270974**	**2066980**	**5627**		**22428563**
		3786735	19062051	1215614	100		13392334
		685083	362890	5000			905312
			416649				114004
			694764		1777		1429505
		52169	4867326	59975			614643
		51635	1142481	148224			604908
		238706	1072552	3086			1033922
		177929	1156398	137068			486966
			808896	41554			690921
		63353	940010	197353			1562679
		213302	1589228	21943	1000		588328
		30734	739826	232159			469252
			282708	906	2750		471275
			135196	4100			64513

单位：万元

其他港、澳、台投资企业	外商投资企业	中外合资经营企业	中外合作经营企业	独资企业	外商投资股份有限公司	其他外商投资企业
	104225	**72959**		**26277**		**4989**
	101036	72959		23087		4989
	3190			3190		

3-4 房地产开发企业主要指标情况

指　标	计量单位	2017年	2018年	2018年比2017年增减(%)
企业个数	**个**	**1716**	**1668**	**-2.8**
大型企业	个	3	3	
中型企业	个	491	472	-3.9
小微型企业	个	1222	1193	-2.4
资产总计	**亿元**	**5147**	**5829**	**13.3**
大型企业	亿元	198	210	6.1
中型企业	亿元	2757	2988	8.4
小微型企业	亿元	2192	2631	20.0
房屋建筑面积				
施工面积	万平方米	9153	9426	3.0
#住宅	万平方米	6088	6164	1.3
#办公楼	万平方米	299	305	2.2
#商业营业用房	万平方米	1605	1631	1.6
新开工面积	万平方米	2375	2444	2.9
#住宅	万平方米	1443	1612	11.7
#办公楼	万平方米	72	55	-23.7
#商业营业用房	万平方米	493	394	-20.0
竣工面积	万平方米	848	752	-11.3
#住宅	万平方米	619	499	-19.5
#办公楼	万平方米	26	33	24.9
#商业营业用房	万平方米	135	137	1.9
房屋竣工价值	**亿元**	**237**	**181**	**-23.7**
商品房销售				
商品房销售面积	万平方米	1560	1594	2.2
#住宅	万平方米	1386	1437	3.7
#办公楼	万平方米	29	17	-43.3
#商业营业用房	万平方米	107	105	-1.7
商品房销售额	亿元	890	922	3.6
#住宅	亿元	738	774	4.9
#办公楼	亿元	41	23	-43.5
#商业营业用房	亿元	94	107	12.9
商品房待售面积	万平方米	823	796	-3.2
#住宅	万平方米	542	468	-13.7
#办公楼	万平方米	21	30	46.2
#商业营业用房	万平方米	194	219	12.6
负债合计	**亿元**	**4269**	**4964**	**16.28**

3-5　各地区按资质等级分房地产开发企业个数

单位：个

地 区	总 计	一 级	二 级	三 级	四 级	暂 定	其 他
全 省	**1668**	**12**	**136**	**477**	**539**	**478**	**26**
兰 州	563	8	65	220	93	170	7
嘉峪关	38		3	10	6	18	1
金 昌	38			7	21	9	1
白 银	105	1	6	23	48	23	4
天 水	156		11	35	77	28	5
武 威	78		3	13	29	32	1
张 掖	152		7	29	56	58	2
平 凉	83	1	11	30	17	23	1
酒 泉	97		7	26	39	23	2
庆 阳	103	1	7	35	38	21	1
定 西	106		7	15	40	43	1
陇 南	76			15	49	12	
临 夏	55	1	7	15	17	15	
甘 南	18		2	4	9	3	

3-6　各地区按资质等级分房地产开发企业年末从业人数

单位：人

地 区	总 计	一 级	二 级	三 级	四 级	暂 定	其 他
全 省	**41621**	**2034**	**6293**	**11416**	**11288**	**10195**	**395**
兰 州	17328	1693	3688	5678	1789	4365	115
嘉峪关	839		142	214	88	365	30
金 昌	609			109	322	164	14
白 银	2331	130	313	462	1048	324	54
天 水	4346		581	1330	1777	609	49
武 威	1699		116	189	624	756	14
张 掖	3276		206	545	1570	943	12
平 凉	1941	123	471	721	227	391	8
酒 泉	1253		113	392	442	288	18
庆 阳	1992	24	142	738	482	546	60
定 西	2341		231	427	764	898	21
陇 南	1747			277	1238	232	
临 夏	1683	64	242	302	782	293	
甘 南	236		48	32	135	21	

3-7 各地区按资质等级分房地产开发企业资产总计

单位：万元

地区	总计	一级	二级	三级	四级	暂定	其他
全省	**58291143**	**3302239**	**12892688**	**14838656**	**11061423**	**15661597**	**534540**
兰州	34641733	2913846	9064228	8886365	3952164	9475158	349973
嘉峪关	1806555		242233	220947	306073	989848	47454
金昌	506070			103431	309821	91707	1111
白银	1963106	142867	375271	522658	658379	231934	31998
天水	5645745		1265682	1366415	2263892	745681	4074
武威	1545059		163598	204323	434040	711995	31104
张掖	2475831		198682	653699	599970	1020316	3165
平凉	1724981	205190	494353	377466	177686	455012	15273
酒泉	1497444		259886	441483	477161	311538	7376
庆阳	2418654	6876	409354	1232172	306454	421792	42006
定西	1990374		327118	352888	677937	631423	1006
陇南	1372270			354349	701612	316309	
临夏	565294	33461	68782	82460	128246	252345	
甘南	138028		23501	39999	67990	6539	

3-8 各地区按用途分房地产开发企业房屋施工面积

单位：平方米

地区	房屋施工面积	住宅	#别墅、高档公寓	办公楼	商业营业用房	其他
全省	**94263241**	**61644775**	**790502**	**3052564**	**16314214**	**13251688**
兰州	45393489	29014240	464509	2295914	6410555	7672780
嘉峪关	3596200	2498981	26472	34798	656543	405878
金昌	1291055	988085	12744	58408	209392	35170
白银	3620005	2310036	114863	126844	770732	412393
天水	7726556	5617969	25250	99254	1185465	823868
武威	3146321	1704104	21450	68403	957939	415875
张掖	5656709	3493363	73093	55814	1411575	695957
平凉	4976490	3580347		29904	664692	701547
酒泉	3818220	2688807	46034	76823	754705	297885
庆阳	4448208	2888857		131017	853414	574920
定西	5318988	3378872		48146	1321223	570747
陇南	2130524	1429815		4391	425771	270547
临夏	2511388	1669103	6087	11848	504089	326348
甘南	629088	382196		11000	188119	47773

3-9　各地区按资质等级分房地产开发企业房屋施工面积

单位：平方米

地　区	总　计	一　级	二　级	三　级	四　级	暂　定	其　他
全　省	**94263241**	**4173261**	**16204882**	**24718386**	**20042938**	**27978254**	**1145520**
兰　州	45393489	2178426	9953429	13704348	5997692	12866464	693130
嘉峪关	3596200		647599	432413	927503	1477524	111161
金　昌	1291055			128102	834331	302249	26373
白　银	3620005	158849	339169	978974	1515890	584776	42347
天　水	7726556		1409967	1958257	2717707	1574969	65656
武　威	3146321		347357	249787	756094	1700318	92765
张　掖	5656709		648572	1345670	1435927	2219001	7539
平　凉	4976490	1636767	909154	757444	410309	1262816	
酒　泉	3818220		563415	956492	945995	1352318	
庆　阳	4448208		184735	2600195	496443	1060286	106549
定　西	5318988		834518	705021	1655692	2123757	
陇　南	2130524			241779	1329824	558921	
临　夏	2511388	199219	299308	475575	650631	886655	
甘　南	629088		67659	184329	368900	8200	

3-10　各地区按用途分房地产开发企业房屋新开工面积

单位：平方米

地　区	房屋新开工面　　积	住　　宅	#别墅、高档公　　寓	办公楼	商业营业用　　房	其　　他
全　省	**24444526**	**16115191**	**186144**	**548108**	**3938805**	**3842422**
兰　州	8258345	5008212	109725	334858	1125049	1790226
嘉峪关	998936	625509		22067	177468	173892
金　昌	238634	217370	6828		11746	9518
白　银	1085760	760825		5962	246249	72724
天　水	2175452	1501589		45711	317618	310534
武　威	1368626	868273	21450	24192	271280	204881
张　掖	1956570	1302910	23009	9809	371985	271866
平　凉	2043093	1489665		8915	239696	304817
酒　泉	2112105	1424028	19045	69754	457759	160564
庆　阳	1284427	935628		23896	144554	180349
定　西	1090889	656040		2416	300383	132050
陇　南	667530	477183		528	118329	71490
临　夏	937067	702883	6087		95501	138683
甘　南	227092	145076			61188	20828

3-11 各地区按资质等级分房地产开发企业房屋新开工面积

单位：平方米

地区	总计	一级	二级	三级	四级	暂定	其他
全省	**24444526**	**1289318**	**3022293**	**4560847**	**6336158**	**9128116**	**107794**
兰州	8258345	404033	1345275	1160433	2359531	2945743	43330
嘉峪关	998936		143531	4284	173104	678017	
金昌	238634				63666	148595	26373
白银	1085760	83064	173075	119397	528435	161698	20091
天水	2175452		315348	687131	661259	493714	18000
武威	1368626		52451	104762	375257	836156	
张掖	1956570		262207	476385	373802	844176	
平凉	2043093	797221	357011	132778	286323	469760	
酒泉	2112105		309709	619303	336549	846544	
庆阳	1284427			679402	211906	393119	
定西	1090889		32437	210528	198737	649187	
陇南	667530			129926	319607	217997	
临夏	937067	5000	31249	191320	274288	435210	
甘南	227092			45198	173694	8200	

3-12 各地区按用途分房地产开发企业房屋竣工面积

单位：平方米

地区	房屋竣工面积	住宅	#别墅、高档公寓	办公楼	商业营业用房	其他
全省	**7523351**	**4986656**	**22385**	**326983**	**1371093**	**838619**
兰州	1621353	817267		244722	325067	234297
嘉峪关	381262	264052	6459	5298	84173	27739
金昌	194476	118584			75892	
白银	650110	492973		3692	121222	32223
天水	481003	428079		100	33712	19112
武威	30939				30939	
张掖	1197064	715499	15926	24062	254403	203100
平凉	471912	365798		6283	62647	37184
酒泉	945210	729383		3830	138716	73281
庆阳	440659	327054		5255	63693	44657
定西	423283	279398		27741	60281	55863
陇南	194539	148724			23019	22796
临夏	405883	249033			87150	69700
甘南	85658	50812		6000	10179	18667

3-13　各地区按资质等级分房地产开发企业房屋竣工面积

单位：平方米

地　区	总　计	一　级	二　级	三　级	四　级	暂　定	其　他
全　省	**7523351**	**197422**	**1271868**	**2176876**	**2292282**	**1560264**	**24639**
兰　州	1621353		239297	553606	133339	695111	
嘉峪关	381262		257257		68914	55091	
金　昌	194476			14352	162456	17668	
白　银	650110	16380	78100	63688	459088	32854	
天　水	481003		19796	152217	135167	156723	17100
武　威	30939					30939	
张　掖	1197064		225905	353368	411613	198639	7539
平　凉	471912		141886	294822	500	34704	
酒　泉	945210		23007	396829	424289	101085	
庆　阳	440659		23306	271130	136223	10000	
定　西	423283		237655	15500	41936	128192	
陇　南	194539			10244	117125	67170	
临　夏	405883	181042		51120	141833	31888	
甘　南	85658		25659		59799	200	

3-14　各地区按用途分房地产开发企业房屋竣工价值

单位：万元

地　区	房屋竣工价　值	住　宅	#别墅、高档公　寓	办公楼	商业营业用　房	其　他
全　省	**1805762**	**1149687**	**4178**	**109339**	**356940**	**189796**
兰　州	469224	225698		87533	92108	63885
嘉峪关	88577	61402	969	795	22859	3521
金　昌	38612	24448			14164	
白　银	147950	117402		970	23656	5922
天　水	100442	86388		25	9702	4327
武　威	18500				18500	
张　掖	237257	135951	3209	6736	56968	37602
平　凉	117266	95847		1060	12397	7962
酒　泉	205221	156324		666	31893	16338
庆　阳	117839	87685		1523	16124	12507
定　西	102762	65588		8291	13930	14953
陇　南	39653	21006			17341	1306
临　夏	102887	60278			24447	18162
甘　南	19572	11670		1740	2851	3311

3-15 各地区按资质等级分房地产开发企业房屋竣工价值

单位：万元

地区	总计	一级	二级	三级	四级	暂定	其他
全省	**1805762**	**54616**	**344867**	**517159**	**465642**	**421281**	**2197**
兰州	469224		63828	143556	21916	239924	
嘉峪关	88577		61720		10336	16521	
金昌	38612			3157	30455	5000	
白银	147950	4095	31500	13799	89172	9384	
天水	100442		2800	35946	30267	30549	880
武威	18500					18500	
张掖	237257		52969	78489	74866	29616	1317
平凉	117266		46039	64196	500	6531	
酒泉	205221		3451	89540	95108	17122	
庆阳	117839		6758	75086	33395	2600	
定西	102762		68261	1070	8720	24711	
陇南	39653			2493	25302	11858	
临夏	102887	50521		9827	33623	8916	
甘南	19572		7541		11982	49	

3-16 各地区房地产开发企业建造的房屋面积和造价

地区	房屋施工面积(平方米)	房屋竣工面积(平方米)	房屋竣工价值(万元)	房屋竣工造价(元/平方米)
全省	**94263241**	**7523351**	**1805762**	**2400**
兰州	45393489	1621353	469224	2894
嘉峪关	3596200	381262	88577	2323
金昌	1291055	194476	38612	1985
白银	3620005	650110	147950	2276
天水	7726556	481003	100442	2088
武威	3146321	30939	18500	5980
张掖	5656709	1197064	237257	1982
平凉	4976490	471912	117266	2485
酒泉	3818220	945210	205221	2171
庆阳	4448208	440659	117839	2674
定西	5318988	423283	102762	2428
陇南	2130524	194539	39653	2038
临夏	2511388	405883	102887	2535
甘南	629088	85658	19572	2285

3-17 各地区按用途分房地产开发企业商品房销售面积

单位：平方米

地 区	商品房销售面积	住 宅		办公楼	商业营业用房	其 他
			#别墅、高档公寓			
全 省	**15944182**	**14367541**	**96474**	**165945**	**1050475**	**360221**
兰 州	6687929	5904289	94097	137456	460330	185854
嘉峪关	794215	676582	1623		38906	78727
金 昌	215572	184915		2653	26762	1242
白 银	567437	534406		3516	17826	11689
天 水	1135508	1078484	754	4156	47031	5837
武 威	440051	341261		4986	69027	24777
张 掖	1172547	1063039			105814	3694
平 凉	1126351	1107411			17272	1668
酒 泉	832013	737348		6024	73983	14658
庆 阳	1079351	934533		5255	129607	9956
定 西	1117874	1077812		1899	19938	18225
陇 南	487244	447910			39334	
临 夏	249165	249165				
甘 南	38925	30386			4645	3894

3-18 各地区按资质等级分房地产开发企业商品房销售面积

单位：平方米

地 区	总 计	一 级	二 级	三 级	四 级	暂 定	其 他
全 省	**15944182**	**714236**	**1660178**	**4491486**	**3833071**	**4926211**	**319000**
兰 州	6687929	343851	504860	2214279	860753	2514484	249702
嘉峪关	794215		111927	57106	251353	373829	
金 昌	215572			83688	122795	9089	
白 银	567437	18627	157154	86799	250146	54711	
天 水	1135508		185862	260963	316729	346339	25615
武 威	440051			35543	154822	226943	22743
张 掖	1172547		67558	232279	373330	496149	3231
平 凉	1126351	351155	213145	261655	130451	169945	
酒 泉	832013		161018	176708	286570	207717	
庆 阳	1079351		12057	819047	144285	86253	17709
定 西	1117874		186403	151118	485488	294865	
陇 南	487244			85991	338211	63042	
临 夏	249165	603	60194	26310	79213	82845	
甘 南	38925				38925		

3-19 各地区按用途分房地产开发企业商品房期房销售面积

单位：平方米

地 区	商品房期房销售面积	住 宅	#别墅、高档公寓	办公楼	商业营业用房	其 他
全 省	**11706677**	**10581309**	**92781**	**111815**	**734268**	**279285**
兰 州	5339056	4692078	90404	100142	383874	162962
嘉峪关	666731	583865	1623		14180	68686
金 昌	155560	136827		2653	16080	
白 银	318953	305413		516	12633	391
天 水	801890	774220	754		26584	1086
武 威	395004	322794		1350	46083	24777
张 掖	669826	600797			65426	3603
平 凉	862407	851332			11075	
酒 泉	325696	309815			15881	
庆 阳	922987	805400		5255	109277	3055
定 西	715504	692200		1899	6680	14725
陇 南	335759	309264			26495	
临 夏	197304	197304				
甘 南						

3-20 各地区按用途分房地产开发企业房屋出租面积

单位：平方米

地 区	房屋出租面积	住 宅	#别墅、高档公寓	办公楼	商业营业用房	其 他
全 省	**92857**			**11260**	**80893**	**704**
兰 州	40401			11260	29141	
嘉峪关	30571				30571	
金 昌						
白 银	4989				4989	
天 水	14529				14529	
武 威						
张 掖	2367				1663	704
平 凉						
酒 泉						
庆 阳						
定 西						
陇 南						
临 夏						
甘 南						

3-21　各地区按用途分房地产开发企业商品房销售额

单位：万元

地　区	商品房销售额	住　宅	#别墅、高档公　寓	办公楼	商业营业用　房	其　他
全　省	**9220911**	**7744205**	**100117**	**231637**	**1066331**	**178738**
兰　州	5201134	4195366	98350	212927	661070	131771
嘉峪关	272544	243957	1038		17950	10637
金　昌	92800	74941		1774	15776	309
白　银	262005	240504		1635	14675	5191
天　水	723435	658549	729	5819	57500	1567
武　威	219000	166974		1868	33791	16367
张　掖	419018	360814			57129	1075
平　凉	431415	414861			15772	782
酒　泉	361845	302160		3494	54001	2190
庆　阳	468218	373194		3377	88414	3233
定　西	455762	433360		743	16443	5216
陇　南	212489	179179			33310	
临　夏	94046	94046				
甘　南	7200	6300			500	400

3-22　各地区按资质等级分房地产开发企业商品房销售额

单位：万元

地　区	总　计	一　级	二　级	三　级	四　级	暂　定	其　他
全　省	**9220911**	**414544**	**1016013**	**2724646**	**1814006**	**3126713**	**124989**
兰　州	5201134	301870	455084	1695335	614840	2044307	89698
嘉峪关	272544		48839	26656	73149	123900	
金　昌	92800			40746	48244	3810	
白　银	262005	7185	79788	39121	112169	23742	
天　水	723435		161571	148257	153168	252455	7984
武　威	219000			22438	64306	120886	11370
张　掖	419018		23338	85628	130222	178534	1296
平　凉	431415	105345	79873	127035	41033	78129	
酒　泉	361845		65683	80298	128002	87862	
庆　阳	468218		5983	340239	58529	48826	14641
定　西	455762		77077	59530	209097	110058	
陇　南	212489			50583	141116	20790	
临　夏	94046	144	18777	8780	32931	33414	
甘　南	7200				7200		

3-23 各地区房地产开发企业商品房待售情况

单位：平方米

地　区	商品房待售面积	#待售1-3年面积	#待售3年以上面积
全　省	**7964166**	**3597784**	**1343891**
兰　州	1686885	560907	489820
嘉峪关	482396	356970	120241
金　昌	269281	128282	22254
白　银	726812	298183	90643
天　水	800870	354046	19455
武　威	389333	342537	10558
张　掖	1270673	522803	138542
平　凉	61471	37554	250
酒　泉	676363	304808	148346
庆　阳	277792	26704	214416
定　西	727278	397723	89366
陇　南	71323	48937	
临　夏	484764	218330	
甘　南	38925		

3-24 各地区按用途分房地产开发企业商品房待售面积

单位：平方米

地　区	商品房待售面积	住　宅	#别墅、高档公寓	办公楼	商业营业用房	其　他
全　省	**7964166**	**4677566**	**11810**	**300279**	**2186620**	**799701**
兰　州	1686885	703480	2605	188588	604508	190309
嘉峪关	482396	201254	4888	6496	207131	67515
金　昌	269281	142926		1478	94167	30710
白　银	726812	394465			240470	91877
天　水	800870	678235		362	93229	29044
武　威	389333	273953		38298	47280	29802
张　掖	1270673	923263	4317	21765	251824	73821
平　凉	61471	40683		508	11801	8479
酒　泉	676363	487644		12235	136523	39961
庆　阳	277792	107036			93714	77042
定　西	727278	404309		30549	237095	55325
陇　南	71323	33487			12617	25219
临　夏	484764	256445			151616	76703
甘　南	38925	30386			4645	3894

3-25　各地区房地产开发企业土地开发及其购置情况

地　区	待开发土地面积（平方米）	本年土地购置面积（平方米）	本年土地成交价款（万元）
全　省	**4193472**	**1809840**	**358349**
兰　州	2353707	865131	92647
嘉峪关	130387		
金　昌	48376	26486	3811
白　银	316612	32921	4000
天　水	154581	266891	168847
武　威	126139	268845	45612
张　掖	408115	24626	2035
平　凉	58242	102894	20691
酒　泉	139536	84013	5300
庆　阳	87118	77071	5077
定　西	323279	60962	10329
陇　南	560		
临　夏	2660		
甘　南	44160		

3-26　各地区房地产开发企业主营业务收入及其构成

单位：万元

地　区	主营业务收入总计	土地转让收入	商品房销售收入	房屋出租收入	其他收入
全　省	**7799016**	**45762**	**7564229**	**60451**	**128574**
兰　州	4162587	38332	4005424	41130	77701
嘉峪关	136144		135432	455	258
金　昌	103752		103681	4	67
白　银	278678		265064	2041	11574
天　水	645463	6617	625956	4427	8464
武　威	272499	1	270084	2325	89
张　掖	333282	3	326046	1952	5280
平　凉	596169	173	585583	1635	8778
酒　泉	307900	21	299509	1670	6699
庆　阳	345476		341421	2421	1634
定　西	295458	616	290199	375	4268
陇　南	167159		164270	1917	972
临　夏	124472		123241	29	1201
甘　南	29978		28320	70	1588

3-27 各地区按登记注册类型分

地 区	总 计	内资企业					
			国有企业	集体企业	股份合作企业	国有联营企业	集体联营企业
全 省	**7799016**	**7740900**	**34721**	**420**			
兰 州	4162587	4104490	14036	253			
嘉峪关	136144	136144					
金 昌	103752	103752	1632				
白 银	278678	278678					
天 水	645463	645463	8687	167			
武 威	272499	272480	200				
张 掖	333282	333282	4628				
平 凉	596169	596169	5519				
酒 泉	307900	307900					
庆 阳	345476	345476					
定 西	295458	295458	19				
陇 南	167159	167159					
临 夏	124472	124472					
甘 南	29978	29978					

3-27 续表

地 区			港、澳、台商投资企业				
	私营股份有限公司	其他内资企业		合资经营企业(港、澳、台资)	合作经营企业(港、澳、台资)	港、澳、台商独资经营企业	港、澳、台商投资股份有限公司
全 省	**137373**		**8691**	**8691**			
兰 州	75713		8672	8672			
嘉峪关							
金 昌	124						
白 银	247						
天 水	85						
武 威	2158		19	19			
张 掖	2565						
平 凉	10099						
酒 泉	19904						
庆 阳	325						
定 西	7581						
陇 南	13514						
临 夏	59						
甘 南	5000						

房地产开发企业主营业务收入

单位：万元

国有与集体联营企业	其他联营企业	国有独资公司	其他有限责任公司	股份有限公司	私营独资企业	私营合伙企业	私营有限责任公司
		64989	**4023560**	**292071**	**273**		**3187493**
		41870	2020550	192507			1759561
		1219	43623				91303
			49205				52792
			170310		273		107849
			556117	11832			68574
			126727				143395
		2049	93958	226			229856
		11182	323617	22171			223581
			142556	231			145209
		68	121202	32522			191360
		6829	221215	8714			51101
		1772	80849	23868			47155
			53573				70840
			20060				4918

单位：万元

其他港、澳、台投资企业	外商投资企业	中外合资经营企业	中外合作经营企业	独资企业	外商投资股份有限公司	其他外商投资企业
	49425	**49296**		**129**		
	49425	49296		129		

3-28　各地区按登记注册类型分

地　区	总　计	内资企业					
			国有企业	集体企业	股份合作企　业	国有联营企　业	集体联营企　业
全　省	**49638896**	**49289147**	**695943**	**15030**			
兰　州	29893335	29547220	284604	10356			
嘉峪关	1592757	1592757					
金　昌	412842	412842	2338				
白　银	1680949	1680949					
天　水	4727657	4727657	259717	4674			
武　威	1332319	1331636	3779				
张　掖	2076347	2076347	108207				
平　凉	1449206	1449206	37098				
酒　泉	1086667	1083714					
庆　阳	2132778	2132778					
定　西	1676602	1676602	199				
陇　南	1170495	1170495					
临　夏	313318	313318					
甘　南	93625	93625					

3-28　续表

地　区			港、澳、台商投资企　业				
	私营股份有限公司	其他内资企　业		合资经营企业(港、澳、台资)	合作经营企业(港、澳、台资)	港、澳、台商独资经营企业	港、澳、台商投资股份有限公司
全　省	**536404**		**268634**	**268184**		**450**	
兰　州	378252		267952	267502		450	
嘉峪关							
金　昌	13148						
白　银	1144						
天　水	3300						
武　威	4347		682	682			
张　掖	37237						
平　凉	2899						
酒　泉	46950						
庆　阳	7912						
定　西	13827						
陇　南	25411						
临　夏	1976						
甘　南							

房地产开发企业负债合计

单位：万元

国有与集体联营企业	其他联营企业	国有独资公司	其他有限责任公司	股份有限公司	私营独资企业	私营合伙企业	私营有限责任公司
		3929320	**26235529**	**1220446**	**1741**		**16654733**
		2707953	15293832	679507			10192716
		629800	309083				653874
			338847				58510
			515818		1741		1162246
		47886	3906688	41717			463675
		50635	853275	15510			404090
		201858	925777	1786			801482
		22404	901000	126262			359543
			563688	1387			471690
		61218	697506	173071			1193072
		198146	1107610	13783			343036
		9422	613667	167423			354572
			151288				160054
			57452				36173

单位：万元

其他港、澳、台投资企业	外商投资企业	中外合资经营企业	中外合作经营企业	独资企业	外商投资股份有限公司	其他外商投资企业
	81115	**66223**		**14892**		
	78163	66223		11940		
	2952			2952		

第4篇

服务业企业财务状况篇

4-1　服务业法人单位基本情况

行　业	单位数（个）	从业人员（人）
总　计	**125401**	**2008916**
交通运输、仓储和邮政业	**4992**	**189505**
企业	4863	180700
行政事业及非企业法人	129	8805
信息传输、软件和信息技术服务业	**4144**	**60798**
企业	4102	59792
行政事业及非企业法人	42	1006
房地产业	**4844**	**93651**
企业	4812	93166
行政事业及非企业法人	32	485
租赁和商务服务业	**19915**	**149250**
企业	19500	145173
行政事业及非企业法人	415	4077
科学研究和技术服务业	**7557**	**120495**
企业	6145	86011
行政事业及非企业法人	1412	34484
水利、环境和公共设施管理业	**1891**	**46764**
企业	1204	22537
行政事业及非企业法人	687	24227
居民服务、修理和其他服务业	**5876**	**35395**
企业	5772	34342
行政事业及非企业法人	104	1053
教育	**12520**	**408732**
企业	3318	35902
行政事业及非企业法人	9202	372830
卫生和社会工作	**3982**	**185387**
企业	1041	29808
行政事业及非企业法人	2941	155579
文化、体育和娱乐业	**5867**	**58800**
企业	4761	40278
行政事业及非企业法人	1106	18522
公共管理、社会保障和社会组织	**53813**	**660139**
企业		
行政事业及非企业法人	53813	660139

4-2 交通运输、仓储和邮政业企业法人单位主要指标

行 业	单位数(个)	资产总计(万元)	负债合计(万元)	营业收入(万元)	从业人员(人)
总 计	**4863**	**78703000.0**	**48817000.0**	**6751000.0**	**180700**
铁路运输业	7	17197666.0	9697880.0	2473163.0	65446
道路运输业	2940	55477911.8	35552253.4	2726317.9	64769
城市公共交通运输	268	5087366.9	3917739.0	203290.9	25702
公路旅客运输	194	488942.9	299295.6	167247.0	9813
道路货物运输	2169	1640771.4	891675.0	817625.2	23875
道路运输辅助活动	309	48260830.6	30443543.7	1538154.8	5379
水上运输业	12	7953.6	2947.2	1016.5	115
水上旅客运输	7	6971.4	2899.9	405.4	89
水上货物运输					
水上运输辅助活动	5	982.2	47.3	611.1	26
航空运输业	27	2137427.5	1417779.0	100334.7	3949
航空客货运输	9	26768.4	20963.1	10265.8	383
通用航空服务	12	1735117.4	1312208.7	21229.6	1219
航空运输辅助活动	6	375541.7	84607.2	68839.4	2347
管道运输业	2	290367.7	8710.9	46213.9	268
海底管道运输					
陆地管道运输	2	290367.7	8710.9	46213.9	268
多式联运和运输代理业	412	837093.1	375148.5	303554.9	4631
多式联运	3	150.0		35.1	12
运输代理业	409	836943.1	375148.5	303519.7	4619
装卸搬运和仓储业	1064	2454478.6	1552220.0	782963.8	11704
装卸搬运	214	107958.9	67836.5	307829.2	2494
通用仓储	129	383993.3	212011.4	49175.2	1476
低温仓储	88	177975.8	101116.0	22759.2	930
危险品仓储	4	7654.4	4602.9	2926.5	29
谷物、棉花等农产品仓储	493	1463651.4	990163.6	330948.2	5319
中药材仓储	16	5825.0	3537.8	350.9	56
其他仓储业	120	307419.7	172951.8	68974.7	1400
邮政业	399	294293.1	208443.2	315477.1	29818
邮政基本服务	45	227676.5	143196.2	189564.9	19169
快递服务	347	66216.2	65205.6	125667.2	10590
其他寄递服务	7	400.4	41.5	245.0	59

4-3　交通运输、仓储和邮政业企业法人单位分地区主要指标

地　区	单位数（个）	资产总计（万元）	负债合计（万元）	营业收入（万元）	从业人员（人）
全　省	**4863**	**78703000.0**	**48817000.0**	**6751000.0**	**180700**
兰　州	1349	57500476.9	36889653.5	2786574.4	53126
嘉峪关	127	106227.0	62591.4	115688.1	1872
金　昌	154	168501.1	104952.6	76691.9	3075
白　银	402	374481.6	226300.4	205331.6	6977
天　水	356	371170.4	199130.5	178904.7	7258
武　威	206	449132.9	280597.0	67800.4	3753
张　掖	332	296444.0	228794.5	94864.8	4821
平　凉	448	599658.7	340296.4	129136.7	5569
酒　泉	354	431296.6	223957.6	198744.0	4284
庆　阳	352	461797.0	176168.0	214720.0	11812
定　西	306	386019.0	203919.0	103265.0	4736
陇　南	186	243714.2	126148.4	66747.1	3968
临　夏	221	60770.5	28491.5	25467.8	2677
甘　南	63	49836.0	26501.7	11942.8	1296

注：市州不含铁路运输业数据。

4-4　交通运输、仓储和邮政业企业法人单位分登记注册类型主要指标

登记注册类型	单位数（个）	资产总计（万元）	负债合计（万元）	营业收入（万元）	从业人员（人）
总　计	**4863**	**78703000.0**	**48817000.0**	**6751000.0**	**180700**
内资企业	**4861**	**78675152.6**	**48797941.8**	**6696944.0**	**180602**
国有企业	118	21266863.3	11960529.1	2768944.7	88379
集体企业	34	55792.6	19192.7	8120.8	412
股份合作企业	4	15506.8	8435.0	5738.9	357
联营企业	5	98.6	0.4	34.8	20
有限责任公司	1345	52925681.2	34400870.7	2941541.4	48249
股份有限公司	145	926914.4	419273.2	57750.2	3605
私营企业	3000	3400860.5	1973525.7	890193.1	38566
其他企业	210	83435.2	16115.0	24620.1	1014
港、澳、台商投资企业	**2**	**27847.4**	**19058.2**	**54056.0**	**98**
外商投资企业					

4-5 信息传输、软件和信息技术服务业企业法人单位主要指标

行业	单位数(个)	资产总计(万元)	负债合计(万元)	营业收入(万元)	从业人员(人)
总计	**4102**	**5786784.9**	**3396682.1**	**2787504.3**	**59792**
电信、广播电视和卫星传输服务	275	4035678.7	2523720.9	2001232.3	31367
电信	248	3223808.1	1849003.0	1910559.8	26740
广播电视传输服务	20	784388.6	659145.9	84254.0	4306
卫星传输服务	7	27481.9	15572.0	6418.5	321
互联网和相关服务	1074	283328.2	176992.8	85365.0	4501
互联网接入及相关服务	187	22113.7	6873.6	14879.9	699
互联网信息服务	389	88082.8	44496.7	20934.3	1567
互联网平台	93	34981.2	18314.0	7373.0	525
互联网安全服务	12	1195.8	753.4	502.5	38
互联网数据服务	16	93556.8	87836.7	3872.4	135
其他互联网服务	377	43397.9	18718.3	37802.9	1537
软件和信息技术服务业	2753	1467778.0	695968.4	700907.1	23924
软件开发	1302	501317.6	227049.1	329135.0	7977
集成电路设计	13	242203.1	97855.8	1796.9	188
信息系统集成和物联网技术服务	248	301527.7	158269.2	274576.6	10618
运行维护服务	45	29172.9	21826.3	15864.8	736
信息处理和存储支持服务	17	54032.3	41575.1	574.0	110
信息技术咨询服务	891	279451.5	125610.9	60954.3	3464
数字内容服务	40	15347.2	10612.8	2441.8	194
其他信息技术服务业	197	44725.7	13169.2	15563.8	637

4-6 信息传输、软件和信息技术服务业企业法人单位分地区主要指标

地区	单位数(个)	资产总计(万元)	负债合计(万元)	营业收入(万元)	从业人员(人)
全省	**4102**	**5786784.9**	**3396682.1**	**2787504.3**	**59792**
兰州	1996	3115115.4	2083815.7	1354089.6	37303
嘉峪关	109	73023.1	21552.3	38739.4	648
金昌	67	146583.4	76228.9	60345.7	1381
白银	313	209003.3	99660.0	112957.5	2068
天水	217	278275.9	155558.5	184036.4	3426
武威	119	174347.7	81451.2	106268.0	1495
张掖	274	306063.3	134775.7	106921.5	1979
平凉	123	200163.6	102088.7	115014.0	1673
酒泉	247	184305.4	84658.1	86618.9	1438
庆阳	171	230543.0	112758.0	156243.0	1831
定西	145	278864.0	126197.0	148398.0	1660
陇南	174	253489.3	140263.8	154623.0	2434
临夏	105	167057.5	86577.0	102991.5	1407
甘南	42	169950.2	91097.1	60258.6	1049

4-7　信息传输、软件和信息技术服务业企业法人单位分登记注册类型主要指标

登记注册类型	单位数（个）	资产总计（万元）	负债合计（万元）	营业收入（万元）	从业人员（人）
总　计	**4102**	**5786784.9**	**3396682.1**	**2787504.3**	**59792**
内资企业	**4082**	**4937715.6**	**2803421.8**	**2137212.7**	**53890**
国有企业	20	843947.8	689956.9	124989.4	4662
集体企业	4	1210.2	815.1	325.8	12
股份合作企业	2	2378.3	16.1	822.2	18
联营企业	1	30.0	5.5	18.0	2
有限责任公司	973	1791142.6	829373.2	828668.2	18691
股份有限公司	114	1608514.3	1024631.0	744449.8	8542
私营企业	2955	689138.5	258377.7	437247.3	21914
其他企业	13	1353.9	246.3	691.9	49
港、澳、台商投资企业	**6**	**294665.6**	**372817.2**	**112513.9**	**1258**
外商投资企业	**14**	**554403.7**	**220443.1**	**537777.7**	**4644**

4-8　金融业企业法人单位主要指标

行　业	单位数（个）	资产总计（万元）	负债合计（万元）	营业收入（万元）	从业人员（人）
总　计	**1517**	**297407576.4**	**15979018.0**	**11925342.3**	**217666**
货币金融服务	1096	274380005.5	255743.9	7107182.6	72974
其中：系统内	810	1811068.2	255743.9	74633.8	4521
资本市场服务	61	10287776.3	4758416.4	676021.9	2380
其中：系统内	25	6936378.8	3080683.9	549955.2	203
保险业	304	8881710.9	10552355.8	3861863.4	141092
其中：系统内	12	796.2	58.7	270.9	89
其他金融业	56	3858083.7	412501.9	280274.4	1220
其中：系统内	54	2748296.9	412501.9	70466.9	711

4-9 房地产业企业法人单位主要指标

行业	单位数(个)	资产总计(万元)	负债合计(万元)	营业收入(万元)	从业人员(人)
总计	**4812**	**6824735.7**	**5062433.2**	**930999.9**	**93166**
物业管理	2746	3282010.1	2671094.7	686207.4	74430
房地产中介服务	1277	345521.8	212905.3	62712.8	8269
房地产租赁经营	720	2018031.0	1348708.5	171382.7	9866
其他房地产业	69	1179172.9	829724.7	10697.1	601

4-10 房地产企业法人单位分地区主要指标

地区	单位数(个)	资产总计(万元)	负债合计(万元)	营业收入(万元)	从业人员(人)
全省	**4812**	**6824735.7**	**5062433.2**	**930999.9**	**93166**
兰州	1924	4184664.6	3445988.2	639327.2	54665
嘉峪关	103	91964.6	55203.6	13840.9	1901
金昌	93	434191.7	166766.9	12559.8	1515
白银	369	495205.6	272233.6	37183.0	5180
天水	357	201927.3	175738.4	38488.9	4741
武威	234	427851.6	354837.4	31781.4	3707
张掖	309	141643.4	86789.4	27863.1	3762
平凉	189	147787.8	108814.9	17400.9	2741
酒泉	336	228793.3	129154.4	45085.1	3280
庆阳	207	139230.0	97444.2	18568.0	3029
定西	282	146791.0	84012.0	18410.0	3244
陇南	153	94435.8	67195.0	14177.0	1927
临夏	197	77876.5	12778.1	13198.7	2775
甘南	59	12372.6	5476.7	3116.5	699

4-11　房地产业企业法人单位分登记注册类型主要指标

登记注册类型	单位数（个）	资产总计（万元）	负债合计（万元）	营业收入（万元）	从业人员（人）
总　计	**4812**	**6824735.7**	**5062433.2**	**930999.9**	**93166**
内资企业	**4805**	**6792369.5**	**5041270.8**	**918514.7**	**92384**
国有企业	55	118092.4	76848.2	14388.5	1048
集体企业	70	101102.9	68800.8	16621.2	1639
股份合作企业	5	13022.6	4674.1	1296.8	48
联营企业	5	1451.2	578.1	352.3	35
有限责任公司	1613	4283889.5	3298801.9	511906.6	41221
股份有限公司	149	381928.7	228786.1	28207.8	2355
私营企业	2896	1887517.2	1361896.4	344490.5	45916
其他企业	12	5365.0	885.2	1250.9	122
港、澳、台商投资企业	**4**	**30545.3**	**20488.2**	**11324.3**	**738**
外商投资企业	**3**	**1820.9**	**674.2**	**1160.9**	**44**

4-12　租赁和商务服务业企业法人单位主要指标

行　　业	单位数（个）	资产总计（万元）	负债合计（万元）	营业收入（万元）	从业人员（人）
总　计	**19500**	**66878665.7**	**37239904.8**	**3665022.1**	**145173**
租赁业	3320	1074684.8	482753.0	315028.6	15731
机械设备经营租赁	3259	987864.3	438864.4	309524.1	15178
文体设备和用品出租	50	35460.2	22802.0	3993.1	139
日用品出租	11	51360.4	21086.6	1511.2	414
商务服务业	16180	65803980.8	36757151.9	3349993.5	129442
组织管理服务	1840	57354308.3	32533940.1	1228466.6	31626
综合管理服务	479	2823452.2	1744066.0	196676.9	7522
法律服务	402	48786.0	32664.1	66624.2	3816
咨询与调查	2827	1444736.2	738883.5	190458.0	12448
广告业	4292	556385.0	252085.2	276129.8	14859
人力资源服务	2939	605748.0	275459.4	854913.3	27838
安全保护服务	422	128459.3	44194.2	129193.1	17229
会议、展览及相关服务	285	247278.5	70087.2	39180.1	1334
其他商务服务业	2694	2594827.2	1065772.1	368351.4	12770

4-13 租赁和商务服务业企业法人单位分地区主要指标

地区	单位数(个)	资产总计(万元)	负债合计(万元)	营业收入(万元)	从业人员(人)
全省	**19500**	**66878665.7**	**37239904.8**	**3665022.1**	**145173**
兰州	6104	39203552.0	21112704.1	2410352.2	66632
嘉峪关	555	355422.8	191147.9	112450.5	6492
金昌	410	416936.2	349712.0	46132.2	2563
白银	1491	3491290.6	1409464.8	99145.1	7072
天水	1119	4066472.3	3307349.3	81104.0	6185
武威	716	3250306.1	1616574.2	144222.3	5060
张掖	2169	2610261.4	2023911.3	191596.4	12983
平凉	833	4428635.0	2117774.3	94618.7	5139
酒泉	1408	2362371.1	1185604.9	220676.0	7687
庆阳	1477	3408182.0	2320710.0	70272.0	7173
定西	902	1375425.0	743110.0	49285.0	5285
陇南	852	1033057.8	551148.6	55773.8	4123
临夏	1183	537079.6	158859.8	75812.7	7080
甘南	281	339674.3	151833.1	13581.3	1699

4-14 租赁和商务服务业企业法人单位分登记注册类型主要指标

登记注册类型	单位数(个)	资产总计(万元)	负债合计(万元)	营业收入(万元)	从业人员(人)
总计	**19500**	**66878665.7**	**37239904.8**	**3665022.1**	**145173**
内资企业	**19499**	**66878514.9**	**37238930.5**	**3664158.7**	**145169**
国有企业	104	6092512.9	2917708.4	491467.2	13752
集体企业	79	142555.5	99445.7	34146.6	1490
股份合作企业	8	582.4	98.9	292.9	46
联营企业	10	41879.4	9705.2	1294.2	122
有限责任公司	5034	48017223.1	26829060.5	1249723.9	43824
股份有限公司	413	5182841.2	3242826.0	274912.1	11067
私营企业	12406	7303874.0	4119070.9	1573003.3	69777
其他企业	1445	97046.5	21014.9	39318.6	5091
港、澳、台商投资企业					
外商投资企业	**1**	**150.7**	**974.3**	**863.4**	**4**

4-15　科学研究和技术服务业企业法人单位主要指标

行　　业	单位数 (个)	资产总计 (万元)	负债合计 (万元)	营业收入 (万元)	从业人员 (人)
总　计	**6145**	**11062007.5**	**6326858.7**	**2539118.3**	**86011**
研究和试验发展	335	894513.1	518762.0	300710.1	4554
自然科学研究和试验发展	9	7401.9	3865.1	922.1	48
工程和技术研究和试验发展	162	326034.9	101627.3	73734.7	3127
农业科学研究和试验发展	91	227707.3	143621.2	202475.4	661
医学研究和试验发展	66	331058.5	269035.1	22639.7	610
社会人文科学研究	7	2310.5	613.3	938.2	108
专业技术服务业	3782	8352940.6	4884814.9	1865914.0	59723
气象服务	22	3858.8	1586.8	3790.5	191
地震服务	4	687.2	142.7	183.6	9
海洋服务					
测绘地理信息服务	137	37622.8	17684.4	36937.0	1713
质检技术服务	506	362461.6	145322.1	160859.4	8786
环境与生态监测检测服务	124	90110.2	39823.3	51100.2	1462
地质勘查	135	534239.4	201825.6	87202.3	4011
工程技术与设计服务	1998	6876649.4	4252173.1	1373653.2	38071
工业与专业设计及其他专业技术服务	856	447311.2	226256.9	152187.8	5480
科技推广和应用服务业	2028	1814553.8	923281.8	372494.3	21734
技术推广服务	1794	1701609.2	891645.5	361402.7	20749
知识产权服务	90	3369.2	1004.3	2850.8	350
科技中介服务	26	2871.9	335.6	1191.6	110
创业空间服务	29	80782.1	23932.2	1853.4	193
其他科技推广服务业	89	25921.5	6364.2	5195.8	332

4-16 科学研究和技术服务业企业法人单位分地区主要指标

地 区	单位数(个)	资产总计(万元)	负债合计(万元)	营业收入(万元)	从业人员(人)
全 省	**6145**	**11062007.5**	**6326858.7**	**2539118.3**	**86011**
兰 州	2584	6132962.8	3489894.5	1863727.0	53967
嘉峪关	118	141641.5	91608.3	93706.9	1561
金 昌	95	56507.0	26642.2	22555.9	1088
白 银	324	367587.4	226890.7	47268.5	2692
天 水	637	1183799.4	626476.3	132843.2	4982
武 威	189	1076513.3	941408.8	35340.1	1606
张 掖	378	272976.6	107903.2	71171.3	4073
平 凉	266	668887.3	360284.9	68786.6	2477
酒 泉	437	307306.7	209778.8	67151.8	3857
庆 阳	350	239293.0	47223.0	64172.0	3455
定 西	355	230477.0	124954.0	36626.0	2854
陇 南	167	79539.9	41718.2	19096.5	1550
临 夏	185	287081.3	27703.2	13255.5	1427
甘 南	61	17434.4	4372.1	3416.8	422

4-17 科学研究和技术服务业企业法人单位分登记注册类型主要指标

登记注册类型	单位数(个)	资产总计(万元)	负债合计(万元)	营业收入(万元)	从业人员(人)
总 计	**6145**	**11062007.5**	**6326858.7**	**2539118.3**	**86011**
内资企业	**6137**	**10853519.0**	**6178581.6**	**2356556.2**	**83575**
国有企业	113	1134089.8	766093.0	422924.5	11015
集体企业	53	22782.0	13863.5	15725.8	486
股份合作企业	7	2111.2	1215.6	732.4	68
联营企业	8	9414.1	7328.1	3542.9	187
有限责任公司	1532	6345623.4	3552571.4	804951.0	27893
股份有限公司	142	1315414.5	923262.7	506162.7	15386
私营企业	3681	1996046.3	910957.0	593166.2	26244
其他企业	601	28037.7	3290.3	9350.9	2296
港、澳、台商投资企业	**3**	**16873.4**	**9786.5**	**9151.2**	**58**
外商投资企业	**5**	**191615.2**	**138490.6**	**173410.9**	**2378**

4-18　水利、环境和公共设施管理业企业法人单位主要指标

行　　业	单位数(个)	资产总计(万元)	负债合计(万元)	营业收入(万元)	从业人员(人)
总　计	**1204**	**21228811.6**	**13082823.6**	**388633.8**	**22537**
水利管理业	84	2052681.6	928801.3	28464.5	2650
防洪除涝设施管理	3	2250.8	409.9	722.3	24
水资源管理	39	1694227.4	853056.1	17339.6	1310
天然水收集与分配	14	143791.2	33735.7	6289.5	1022
水文服务	2	17.7	7.1	26.1	4
其他水利管理业	26	212394.5	41592.5	4086.9	290
生态保护和环境治理业	150	146286.2	36982.3	26009.9	2665
生态保护	59	37961.8	3010.6	5347.7	1980
环境治理业	91	108324.4	33971.7	20662.2	685
公共设施管理业	931	18630121.8	11791480.4	326121.6	16817
市政设施管理	111	15455656.1	10776054.8	71532.2	1526
环境卫生管理	111	420799.2	202730.0	95585.5	8246
城乡市容管理	21	216738.4	166995.4	3937.8	171
绿化管理	474	257652.0	91450.5	90755.5	2716
城市公园管理	8	11351.8	6272.2	448.9	143
游览景区管理	206	2267924.3	547977.4	63861.7	4015
土地管理业	39	399722.0	325559.6	8037.9	405
土地整治服务	17	393105.7	323123.5	2040.1	138
土地调查评估服务	16	3635.3	2322.3	5872.5	236
土地登记服务					
土地登记代理服务					
其他土地管理服务	6	2981.0	113.8	125.3	31

4-19 水利、环境和公共设施管理业企业法人单位分地区主要指标

地区	单位数(个)	资产总计(万元)	负债合计(万元)	营业收入(万元)	从业人员(人)
全省	**1204**	**21228811.6**	**13082823.6**	**388633.8**	**22537**
兰州	278	16920122.9	11162819.4	217717.1	4056
嘉峪关	35	177786.1	104113.9	8485.2	1109
金昌	24	134025.6	54571.9	5053.2	231
白银	90	274186.4	183849.0	6974.8	579
天水	79	337310.4	215179.4	7526.3	629
武威	83	74200.0	40095.8	21742.6	3958
张掖	143	655013.8	357663.2	51384.8	2558
平凉	56	334742.9	117916.2	16331.6	2061
酒泉	123	244603.9	169709.0	12432.6	940
庆阳	99	196418.0	16788.0	11929.0	1081
定西	63	501796.0	516038.0	5585.0	613
陇南	57	89693.6	18458.4	5462.2	1560
临夏	49	144222.2	67986.8	13334.6	1796
甘南	25	1144690.5	57634.8	4675.1	1366

4-20 水利、环境和公共设施管理业企业法人单位分登记注册类型主要指标

登记注册类型	单位数(个)	资产总计(万元)	负债合计(万元)	营业收入(万元)	从业人员(人)
总计	**1204**	**21228811.6**	**13082823.6**	**388633.8**	**22537**
内资企业	**1203**	**21226731.0**	**13082823.6**	**387870.8**	**22489**
国有企业	49	3504787.7	2111680.5	68891.3	4218
集体企业	8	2139.0	516.4	505.0	61
股份合作企业					
联营企业	1	890.1	83.2	677.0	39
有限责任公司	425	16783339.5	10525490.7	194699.7	10535
股份有限公司	41	203534.6	133135.6	19247.7	623
私营企业	649	730523.9	311743.9	103535.1	6867
其他企业	30	1516.3	173.4	315.1	146
港、澳、台商投资企业	**1**	**2080.6**		**763.0**	**48**
外商投资企业					

4-21　居民服务、修理和其他服务业企业法人单位主要指标

行　业	单位数（个）	资产总计（万元）	负债合计（万元）	营业收入（万元）	从业人员（人）
总　计	**5772**	**850961.2**	**529139.1**	**351415.9**	**34342**
居民服务业	2118	373602.5	348947.9	117838.9	12822
家庭服务	519	30755.7	7268.1	14850.2	3212
托儿所服务	22	875.8	107.1	715.9	176
洗染服务	66	4723.6	1281.5	2617.2	452
理发及美容服务	261	12723.7	5573.1	6978.3	1058
洗浴和保健养生服务	319	84074.4	54115.9	21214.4	2734
摄影扩印服务	289	45346.8	18262.0	14884.2	1565
婚姻服务	306	15100.0	3088.4	7533.4	961
殡葬服务	100	98215.6	60847.3	17736.5	844
其他居民服务业	236	81786.9	198404.8	31308.7	1820
机动车、电子产品和日用产品修理业	2825	345201.6	131003.5	160596.6	12693
汽车、摩托车等修理与维护	2334	287338.9	110498.0	130188.0	11025
计算机和办公设备维修	248	26844.0	10480.5	14030.3	780
家用电器修理	187	18056.3	7428.8	13009.0	701
其他日用产品修理业	56	12962.3	2596.2	3369.4	187
其他服务业	829	132157.1	49187.7	72980.5	8827
清洁服务	432	54667.6	16196.7	32015.5	4028
宠物服务	17	490.0	28.1	209.7	82
其他未列明服务业	380	76999.5	32962.8	40755.3	4717

4-22　居民服务、修理和其他服务业企业法人单位分地区主要指标

地　区	单位数（个）	资产总计（万元）	负债合计（万元）	营业收入（万元）	从业人员（人）
全　省	**5772**	**850961.2**	**529139.1**	**351415.9**	**34342**
兰　州	1736	315315.0	165197.3	145962.3	12977
嘉峪关	188	18231.1	5843.8	8706.4	783
金　昌	130	37759.2	170842.5	26389.3	1239
白　银	524	29409.4	8582.7	15756.2	1801
天　水	500	63610.7	23923.5	26673.2	2881
武　威	223	42649.3	16800.4	8981.9	1181
张　掖	352	78594.6	49363.6	15704.5	1772
平　凉	301	35924.9	14107.6	13149.0	1737
酒　泉	361	49231.2	24924.6	19559.8	2238
庆　阳	451	62972.0	7187.0	25712.0	2549
定　西	333	52849.0	24148.0	16131.0	1824
陇　南	328	28592.0	5885.4	14835.9	1585
临　夏	252	20524.1	4496.3	10565.4	1330
甘　南	93	15299.1	7837.4	3289.7	445

4-23 居民服务、修理和其他服务业企业法人单位分登记注册类型主要指标

登记注册类型	单位数(个)	资产总计(万元)	负债合计(万元)	营业收入(万元)	从业人员(人)
总 计	**5772**	**850961.2**	**529139.1**	**351415.9**	**34342**
内资企业	**5771**	**850938.2**	**529129.1**	**351385.9**	**34341**
国有企业	13	9917.8	5224.8	4153.7	229
集体企业	20	8969.2	7028.8	2454.1	124
股份合作企业	4	652.5	377.8	155.4	23
联营企业	3	2181.2	1595.8	1941.3	58
有限责任公司	1265	269896.1	138708.6	101070.9	10913
股份有限公司	121	42722.1	173366.1	30022.0	1591
私营企业	4111	508321.0	202311.0	208443.0	20822
其他企业	234	8278.2	516.2	3145.5	581
港、澳、台商投资企业					
外商投资企业	**1**	**23.0**	**10.0**	**30.0**	**1**

4-24 教育企业法人单位主要指标

行 业	单位数(个)	资产总计(万元)	负债合计(万元)	营业收入(万元)	从业人员(人)
总 计	**3318**	**825989.7**	**392244.5**	**251446.3**	**35902**
学前教育	821	144216.9	30624.1	50284.8	12142
初等教育	27	8023.8	2330.2	2641.2	578
中等教育	33	94874.0	53148.6	23111.2	2681
高等教育					
特殊教育	4	33.9	8.0	184.8	22
技能培训、教育辅助及其他教育	2433	578841.1	306133.6	175224.3	20479

4-25　教育企业法人单位分地区主要指标

地　区	单位数（个）	资产总计（万元）	负债合计（万元）	营业收入（万元）	从业人员（人）
全　省	**3318**	**825989.7**	**392244.5**	**251446.3**	**35902**
兰　州	813	229595.1	122473.9	87993.8	8739
嘉峪关	54	6870.5	2737.0	2826.2	543
金　昌	87	25558.0	3881.5	8230.3	915
白　银	284	35938.7	7142.8	12201.2	2035
天　水	271	38434.1	13504.6	15655.0	2859
武　威	243	39922.3	12975.1	14618.3	2823
张　掖	231	43193.5	21643.1	11841.4	2284
平　凉	184	73380.7	48539.1	16497.2	2063
酒　泉	241	22449.9	7791.4	9956.8	1777
庆　阳	269	52136.0	9488.0	19906.0	3780
定　西	225	100353.0	72379.0	15828.0	2395
陇　南	238	85602.2	44693.6	21105.9	3164
临　夏	129	61770.0	21281.5	12625.0	2042
甘　南	49	10785.7	3714.0	2162.1	483

4-26　教育企业法人单位分登记注册类型主要指标

登记注册类型	单位数（个）	资产总计（万元）	负债合计（万元）	营业收入（万元）	从业人员（人）
总　计	**3318**	**825989.7**	**392244.5**	**251446.3**	**35902**
内资企业	**3317**	**825974.0**	**392239.3**	**251443.4**	**35901**
国有企业	43	33385.5	9188.6	10656.7	1019
集体企业	34	11030.2	4133.2	4774.9	620
股份合作企业	9	990.0	553.1	913.6	158
联营企业	12	3370.0	184.5	1742.2	127
有限责任公司	556	229988.1	142093.3	37566.1	4867
股份有限公司	57	13649.3	6467.2	6113.9	493
私营企业	2079	417826.6	180909.5	124301.1	20179
其他企业	527	115734.3	48710.1	65374.9	8438
港、澳、台商投资企业	**1**	**15.7**	**5.2**	**2.9**	**1**
外商投资企业					

4-27 卫生和社会工作企业法人单位主要指标

行　业	单位数(个)	资产总计(万元)	负债合计(万元)	营业收入(万元)	从业人员(人)
总　计	**1041**	**920908.9**	**508601.2**	**435954.2**	**29808**
卫生	903	742275.9	387686.8	424144.3	28647
医院	374	637820.3	353712.8	341019.4	21887
基层医疗卫生服务	453	55480.9	15758.4	40311.0	4084
专业公共卫生服务	26	8722.9	1229.5	4501.8	356
其他卫生活动	50	40251.8	16986.1	38312.1	2320
社会工作	138	178633.0	120914.4	11809.9	1161
提供住宿社会工作	112	143646.0	110150.5	10635.1	1046
不提供住宿社会工作	26	34987.0	10763.8	1174.9	115

4-28 卫生和社会工作企业法人单位分地区主要指标

地　区	单位数(个)	资产总计(万元)	负债合计(万元)	营业收入(万元)	从业人员(人)
全　省	**1041**	**920908.9**	**508601.2**	**435954.2**	**29808**
兰　州	311	219478.5	115396.7	159430.4	8732
嘉峪关	12	43446.1	23239.3	19453.1	1290
金　昌	16	120044.4	72896.0	57184.5	1861
白　银	39	59474.7	53530.4	4592.4	498
天　水	133	151190.7	78818.3	67202.0	4864
武　威	54	80209.6	35668.5	11624.5	1429
张　掖	68	67141.3	48679.6	20029.4	1609
平　凉	49	28375.6	9325.4	23084.1	1896
酒　泉	40	10815.0	4873.4	7580.5	777
庆　阳	80	21814.0	7327.0	16009.0	1560
定　西	86	49310.0	39310.0	13701.0	1675
陇　南	51	20368.1	6895.4	14397.4	1713
临　夏	83	44277.7	11039.4	20372.8	1625
甘　南	19	4963.1	1602.4	1293.1	279

4-29　卫生和社会工作企业法人单位分登记注册类型主要指标

登记注册类型	单位数（个）	资产总计（万元）	负债合计（万元）	营业收入（万元）	从业人员（人）
总　计	**1041**	**920908.9**	**508601.2**	**435954.2**	**29808**
内资企业	**1041**	**920908.9**	**508601.2**	**435954.2**	**29808**
国有企业	51	133973.7	79584.4	54941.7	3221
集体企业	63	2268.5	291.5	1311.6	189
股份合作企业	6	24769.9	22182.8	17943.2	305
联营企业	5	1889.7	865.4	1376.9	119
有限责任公司	92	269932.1	145207.2	101926.7	5133
股份有限公司	14	91618.5	24261.3	33302.7	1515
私营企业	643	357312.9	218043.7	195832.4	16942
其他企业	167	39143.7	18164.9	29319.1	2384
港、澳、台商投资企业					
外商投资企业					

4-30 文化、体育和娱乐业企业法人单位主要指标

行　业	单位数(个)	资产总计(万元)	负债合计(万元)	营业收入(万元)	从业人员(人)
总　计	**4761**	**3222554.5**	**1401906.1**	**483813.8**	**40278**
新闻和出版业	53	557152.7	89690.1	123810.5	8285
新闻业	8	38896.0	9544.6	7105.6	941
出版业	45	518256.7	80145.6	116704.8	7344
广播、电视、电影和录音制作业	506	259835.8	141337.4	82470.0	4041
广播	9	11880.2	5376.7	197.3	239
电视	6	30389.4	23847.4	8801.2	114
影视节目制作	302	98387.8	47307.4	21257.3	1383
广播电视集成播控	1	30.0		1.2	3
电影和广播电视节目发行	12	2130.8	856.6	574.8	59
电影放映	169	115566.3	63910.3	51499.7	2219
录音制作	7	1451.3	39.0	138.6	24
文化艺术业	1293	1332450.7	722863.7	109203.8	11595
文艺创作与表演	621	108484.8	31755.0	29718.2	6987
艺术表演场馆	18	17501.7	16294.2	19231.5	514
图书馆与档案馆	22	1979.6	363.8	1591.6	146
文物及非物质文化遗产保护	46	813078.4	488495.0	35275.5	784
博物馆	15	12450.8	7195.5	440.0	132
烈士陵园、纪念馆					
群众文体活动	130	38871.3	30542.1	2188.8	820
其他文化艺术业	441	340084.2	148218.1	20758.3	2212
体育	364	94639.9	25213.5	19225.3	2336
体育组织	67	12335.1	1771.8	2478.6	231
体育场地设施管理	7	1694.2	102.2	176.0	21
健身休闲活动	280	78825.4	23209.5	16364.2	2047
其他体育	10	1785.2	130.1	206.4	37
娱乐业	2545	978475.4	422801.4	149104.3	14021
室内娱乐活动	1793	182679.8	40867.8	70439.2	7568
游乐园	35	97691.5	79615.7	16630.4	1463
休闲观光活动	179	429708.5	203250.2	38887.0	2552
彩票活动	1	20.0	2.5	72.0	2
文化体育娱乐活动与经纪代理服务	482	199608.5	58830.6	17861.8	1710
其他娱乐业	55	68767.2	40234.6	5213.9	726

4-31 文化、体育和娱乐业企业法人单位分地区主要指标

地 区	单位数（个）	资产总计（万元）	负债合计（万元）	营业收入（万元）	从业人员（人）
全 省	**4761**	**3222554.5**	**1401906.1**	**483813.8**	**40278**
兰 州	1280	1193284.1	374949.3	246350.2	16868
嘉峪关	107	933212.4	581956.4	40568.8	1516
金 昌	94	19422.8	3977.1	6724.9	685
白 银	446	47456.1	7778.7	9347.3	2037
天 水	341	75333.6	21232.7	28749.6	2239
武 威	195	97240.9	36424.2	12210.5	1348
张 掖	460	97231.0	47653.3	16196.3	2384
平 凉	237	66420.5	43323.3	9113.9	2365
酒 泉	404	227537.6	149452.8	39560.5	2278
庆 阳	276	112347.0	10700.0	16123.0	2382
定 西	339	177795.0	73433.0	24818.0	2503
陇 南	251	65096.6	8178.0	8544.3	1308
临 夏	196	80253.1	36698.3	21709.9	1614
甘 南	135	29923.6	6148.2	3796.4	751

4-32 文化、体育和娱乐业企业法人单位分登记注册类型主要指标

登记注册类型	单位数（个）	资产总计（万元）	负债合计（万元）	营业收入（万元）	从业人员（人）
总 计	**4761**	**3222554.5**	**1401906.1**	**483813.8**	**40278**
内资企业	**4760**	**3222494.5**	**1401906.1**	**483803.8**	**40276**
国有企业	29	119266.0	25557.9	15637.1	1771
集体企业	11	11592.8	3769.7	6536.3	331
股份合作企业					
联营企业	6	691.0	110.0	91.9	17
有限责任公司	1101	1742241.7	754738.2	210863.9	17068
股份有限公司	118	344838.9	164133.8	65983.4	1338
私营企业	3409	987627.7	451170.0	177888.9	19350
其他企业	86	16236.4	2426.6	6802.3	401
港、澳、台商投资企业					
外商投资企业	**1**	**60.0**		**10.0**	**2**

4-33 国有控股企业分行业主要指标

行业	单位数（个）	资产总计（万元）	负债合计（万元）	营业收入（万元）	从业人员（人）
总计	**1688**	**142212004.6**	**86758977.7**	**7761529.7**	**182679**
交通运输、仓储和邮政业	**248**	**55760238.6**	**35698269.0**	**2626418.2**	**48023**
道路运输业	81	51567573.9	33146048.4	1653934.1	20053
水上运输业					
航空运输业	7	2126169.1	1413236.0	94234.1	3712
管道运输业	1	285666.9	8696.3	46213.9	263
多式联运和运输代理业	12	291049.5	54532.3	112097.2	1899
装卸搬运和仓储业	103	1262801.8	932837.8	530569.0	2954
邮政业	44	226977.4	142918.2	189370.0	19142
信息传输、软件和信息技术服务业	**112**	**3972902.7**	**2368616.5**	**1625411.1**	**27181**
电信、广播电视和卫星传输服务	77	3261554.0	1933224.1	1400833.2	25204
互联网和相关服务	5	108822.3	99610.7	5011.0	238
软件和信息技术服务业	30	602526.4	335781.7	219567.0	1739
房地产业	**224**	**3214328.4**	**2634096.2**	**257449.3**	**13784**
物业管理	136	1943635.0	1793493.4	230303.3	12187
房地产中介服务	9	32192.6	22497.5	1126.0	114
房地产租赁经营	70	353641.0	218703.2	23283.9	1319
其他房地产业	9	884859.8	599402.1	2736.1	164
租赁和商务服务业	**490**	**51640453.4**	**28602351.6**	**1308733.8**	**35185**
租赁业	30	284641.6	170175.4	43467.8	1756
商务服务业	460	51355811.8	28432176.2	1265266.1	33429
科学研究和技术服务业	**302**	**6144613.3**	**4120584.6**	**1476375.1**	**36253**
研究和试验发展	17	323561.7	142044.5	203735.7	1842
专业技术服务业	227	5069988.3	3567485.9	1063731.0	21293
科技推广和应用服务业	58	751063.2	411054.2	208908.4	13118
水利、环境和公共设施管理业	**126**	**19861058.0**	**12505819.5**	**204534.6**	**6140**
水利管理业	25	1829138.7	877514.7	8486.0	621
生态保护和环境治理业	10	30804.4	3441.5	7017.5	1711
公共设施管理业	87	17806081.0	11480531.8	188768.4	3751
土地管理业	4	195033.8	144331.5	262.7	57
居民服务、修理和其他服务业	**32**	**66395.7**	**195929.6**	**52056.1**	**4670**
居民服务业	13	52011.4	186630.0	27257.9	874
机动车、电子产品和日用产品修理业	12	4135.5	1285.9	1162.9	197
其他服务业	7	10248.7	8013.7	23635.3	3599
教育	**15**	**14365.1**	**4874.6**	**5097.5**	**215**
学前教育	4	20.0	1.5	3.0	4
初等教育					
中等教育					
高等教育					
特殊教育					
技能培训、教育辅助及其他教育	11	14345.1	4873.1	5094.5	211
卫生和社会工作	**22**	**223205.1**	**116883.9**	**41018.2**	**1424**
卫生	18	128148.4	49702.0	33793.7	1332
社会工作	4	95056.7	67181.9	7224.5	92
文化、体育和娱乐业	**117**	**1314444.3**	**511552.3**	**164435.8**	**9804**
新闻和出版业	21	437059.6	64624.3	97101.9	6526
广播、电视、电影和录音制作业	34	59770.4	46944.0	22387.7	645
文化艺术业	51	764691.6	381410.9	37578.0	2175
体育	7	34574.7	3477.5	785.0	112
娱乐业	4	18348.1	15095.5	6583.2	346

注：不含铁路运输业、金融业、房地产开发经营。

4-34　非公有控股企业分行业主要指标

行　业	单位数（个）	资产总计（万元）	负债合计（万元）	营业收入（万元）	从业人员（人）
总　计	**48712**	**33177690.4**	**19079236.1**	**7673128.8**	**421098**
交通运输、仓储和邮政业	**4317**	**5444374.7**	**3266487.6**	**1585931.3**	**63581**
道路运输业	2797	3802572.1	2332325.7	1040742.6	42521
水上运输业	12	7953.6	2947.2	1016.5	115
航空运输业	20	11258.4	4543.0	6100.6	237
管道运输业	1	4700.8	14.6		5
多式联运和运输代理业	396	515744.4	320500.3	189767.5	2661
装卸搬运和仓储业	740	1034950.0	540632.1	222352.0	7374
邮政业	351	67195.4	65524.8	125952.1	10668
信息传输、软件和信息技术服务业	**3955**	**1758790.7**	**997012.6**	**1143691.3**	**32204**
电信、广播电视和卫星传输服务	192	725336.1	560599.6	584126.5	5891
互联网和相关服务	1064	173844.0	77367.0	80300.8	4241
软件和信息技术服务业	2699	859610.6	359046.0	479264.1	22072
房地产业	**4408**	**3289077.6**	**2215668.8**	**608639.8**	**73658**
物业管理	2540	1288995.5	845094.1	421146.5	58993
房地产中介服务	1256	300900.9	179111.4	60726.8	8034
房地产租赁经营	555	1413592.3	967848.5	120349.9	6248
其他房地产业	57	285589.0	223614.8	6416.7	383
租赁和商务服务业	**17193**	**13547712.2**	**8326916.5**	**2232350.4**	**100309**
租赁业	3027	749711.7	302842.9	257211.7	12759
商务服务业	14166	12798000.5	8024073.6	1975138.7	87550
科学研究和技术服务业	**5118**	**4453769.9**	**2001186.5**	**979721.8**	**43804**
研究和试验发展	301	478036.5	346611.9	78248.7	2347
专业技术服务业	3465	2940570.7	1150861.9	747635.8	35165
科技推广和应用服务业	1352	1035162.6	503712.7	153837.3	6292
水利、环境和公共设施管理业	**994**	**1156037.0**	**525940.8**	**163193.8**	**13844**
水利管理业	30	60153.8	31621.3	4233.9	176
生态保护和环境治理业	125	111256.6	33405.8	18239.1	865
公共设施管理业	812	780387.0	279802.9	133115.0	12493
土地管理业	27	204239.7	181110.9	7605.9	310
居民服务、修理和其他服务业	**5458**	**749838.6**	**317746.9**	**290695.1**	**28745**
居民服务业	2059	309799.4	155225.4	86999.6	11673
机动车、电子产品和日用产品修理业	2786	323994.0	122400.7	156941.2	12340
其他服务业	613	116045.2	40120.8	46754.3	4732
教育	**2153**	**509551.8**	**270734.1**	**123555.2**	**17305**
学前教育	109	16370.1	2923.4	4257.2	1171
初等教育	9	122.2	16.0	143.2	42
中等教育	3	3136.0	98.5	201.2	42
高等教育					
特殊教育	2	29.3	8.0	10.3	9
技能培训、教育辅助及其他教育	2030	489894.1	267688.2	118943.3	16041
卫生和社会工作	**624**	**502481.4**	**290977.4**	**257607.0**	**19560**
卫生	550	422525.6	237660.0	253908.0	18761
社会工作	74	79955.8	53317.3	3699.0	799
文化、体育和娱乐业	**4492**	**1766056.5**	**866565.0**	**287743.1**	**28088**
新闻和出版业	29	20685.4	8899.6	9460.9	586
广播、电视、电影和录音制作业	465	194288.1	94347.3	59947.7	3159
文化艺术业	1185	544489.9	336371.9	59314.8	8845
体育	311	57330.6	21483.1	17763.4	2060
娱乐业	2502	949262.6	405463.1	141256.3	13438

注：不含铁路运输业、金融业、房地产开发经营。

4-35 规模以上交通运输、仓储和

行业	固定资产原价(万元)	累计折旧(万元)	资产总计(万元)	负债合计(万元)	所有者权益合计(万元)	营业收入(万元)
总计	**37589230.6**	**4029100.9**	**73572317.9**	**38894266.3**	**34677506.1**	**7165744.8**
铁路运输业	18507621.2	3302661.7	31218004.8	9187669.0	22030335.8	4016118.9
铁路旅客运输	9199092.8	2675121.5	21079593.2	2860782.8	18218810.4	3536425.8
铁路货物运输	9291452.6	614006.2	10132775.9	6325314.9	3807461.0	478010.8
铁路运输辅助活动	17075.8	13534.0	5635.7	1571.3	4064.4	1682.3
道路运输业	17752903.7	412762.6	38741848.1	27236629.1	11504673.5	2101814.7
城市公共交通运输	374066.2	166433.6	493642.2	497122.4	-4016.9	153727.5
公路旅客运输	247857.7	87750.4	339582.5	237661.0	101921.5	134303.3
道路货物运输	216177.8	107871.4	321628.1	181651.2	139976.9	313343.1
道路运输辅助活动	16914802.0	50707.2	37586995.3	26320194.5	11266792.0	1500440.8
水上运输业	2950.8	604.8	4099.4	2872.9	1226.5	210.3
水上旅客运输	2950.8	604.8	4099.4	2872.9	1226.5	210.3
水上货物运输						
水上运输辅助活动						
航空运输业	793613.7	132886.4	2076764.6	1413063.8	663700.8	99341.8
航空客货运输	5990.3	1859.7	25726.4	20878.2	4848.2	10095.7
通用航空服务	485823.3	59189.6	1729119.6	1309951.5	419168.1	20453.9
航空运输辅助活动	301800.1	71837.1	321918.6	82234.1	239684.5	68792.2
管道运输业						
海底管道运输						
陆地管道运输						
多式联运和运输代理业	77477.6	12377.5	237148.9	51735.4	185413.5	144772.9
多式联运						
运输代理业	77477.6	12377.5	237148.9	51735.4	185413.5	144772.9
装卸搬运和仓储业	274756.9	85675.9	1106803.2	859202.3	247600.9	573899.9
装卸搬运	5587.2	2634.1	41859.3	31260.9	10598.4	276411.2
通用仓储	15455.3	1321.7	32628.4	18814.0	13814.4	34132.7
低温仓储	3485.2	1773.5	12786.1	11174.8	1611.3	668.7
危险品仓储						
谷物、棉花等农产品仓储	205854.7	70998.6	909469.7	735280.7	174189.0	217134.6
中药材仓储						
其他仓储业	44374.5	8948.0	110059.7	62671.9	47387.8	45552.7
邮政业	179906.7	82132.0	187648.9	143093.8	44555.1	229586.3
邮政基本服务	165715.4	74713.9	154793.1	94556.5	60236.6	150320.7
快递服务	14191.3	7418.1	32855.8	48537.3	-15681.5	79265.6
其他寄递服务						

邮政业企业法人单位主要指标

营业成本（万元）	税金及附加（万元）	销售费用、管理费用、财务费用合计（万元）	投资收益（万元）	营业利润（万元）	利润总额（万元）	应付职工薪酬（万元）	应交增值税（万元）	平均用工人数（人）
6321380.0	**13221.9**	**1184484.2**	**62773.3**	**-200976.1**	**-142034.8**	**1597821.7**	**170339.7**	**137244**
3674908.6	2766.9	353416.6	643.7	-2877.2	-34156.0	1211279.8	71605.5	81476
3198663.0	2469.9	80148.8	643.7	266661.6	238051.8	1208434.4	87866.1	81211
474619.6	284.7	272873.4		-269188.4	-271833.8	2103.8	-16262.4	100
1626.0	12.3	394.4		-350.4	-374.0	741.6	1.8	165
1622293.1	5203.7	687701.1	62643.2	-144682.8	-83699.0	212440.8	93970.6	35988
207399.6	1283.7	57456.5	574.5	-109414.3	-51691.0	132599.1	33372.5	18628
98005.0	1366.1	29548.7	85.3	5542.8	7477.2	27826.1	3608.1	7108
270247.8	1750.4	42729.0	15.2	-1386.7	-750.6	42580.4	7099.2	9119
1046640.7	803.5	557966.9	61968.2	-39424.6	-38734.6	9435.2	49890.8	1133
642.2	1.1	165.6		-598.6	-2.7	423.6	6.1	52
642.2	1.1	165.6		-598.6	-2.7	423.6	6.1	52
117871.4	2319.3	35241.8	-610.2	-21222.9	-12080.7	53287.2	840.7	3713
8578.4	22.7	1694.6	39.7	783.4	749.1	4187.3	129.5	380
57134.2	808.4	23477.8	-649.9	-27694.7	-16153.3	20198.4	170.1	1146
52158.8	1488.2	10069.4		5688.4	3323.5	28901.5	541.1	2187
135156.8	301.7	9403.2	18.0	8972.8	9088.4	6259.9	1144.1	694
135156.8	301.7	9403.2	18.0	8972.8	9088.4	6259.9	1144.1	694
560826.6	637.0	58116.8	78.1	-18039.6	1382.5	28843.3	1314.3	3657
274316.2	143.2	3171.2		-1220.0	11.8	3445.5	226.2	694
34825.7	53.4	3304.4		-4018.1	-3762.1	4297.1	91.5	538
12.3	17.8	891.3		-248.5	-250.2	241.7	38.8	47
214277.0	138.9	42182.4	72.8	-12600.1	4998.5	18990.4	483.6	1956
37395.4	283.7	8567.5	5.3	47.1	384.5	1868.6	474.2	422
209681.3	1992.2	40439.1	0.5	-22527.8	-22567.3	85287.1	1458.4	11664
140772.7	1949.2	24650.3		-17036.8	-17125.3	69216.4	1348.0	7304
68908.6	43.0	15788.8	0.5	-5491.0	-5442.0	16070.7	110.4	4360

4-36 规模以上信息传输、软件和信息技术

行　业	固定资产原　价（万元）	累计折旧（万元）	资产总计（万元）	负债合计（万元）	所有者权益合计（万元）	营业收入（万元）
总　计	**7786697.8**	**2907386.3**	**4139195.6**	**2355014.6**	**1784181.0**	**2357806.7**
电信、广播电视和卫星传输服务	7763233.9	2893837.5	3607890.0	1982880.5	1625009.5	1895443.1
电信	7409194.8	2780285.7	2882325.0	1377879.2	1504445.8	1821319.8
广播电视传输服务	353337.3	113256.1	723266.7	604500.2	118766.5	71298.7
卫星传输服务	701.8	295.7	2298.3	501.1	1797.2	2824.6
互联网和相关服务	332.8	226.0	108550.8	98672.6	9878.2	27758.6
互联网接入及相关服务						
互联网信息服务	46.3	30.3	1658.0	647.4	1010.6	134.6
互联网平台	237.7	174.1	14891.4	11351.4	3540.0	1518.6
互联网安全服务						
互联网数据服务	30.8	9.7	90350.9	86545.5	3805.4	3605.5
其他互联网服务	18.0	11.9	1650.5	128.3	1522.2	22499.9
软件和信息技术服务业	23131.1	13322.8	422754.8	273461.5	149293.3	434605.0
软件开发	11622.3	6967.8	216715.1	146256.9	70458.2	203683.3
集成电路设计	360.9	285.3	762.9	145.0	617.9	598.4
信息系统集成和物联网技术服务	10571.6	5647.1	195040.5	120834.9	74205.6	213819.9
运行维护服务	149.3	127.4	2863.8	2530.6	333.2	4693.9
信息处理和存储支持服务						
信息技术咨询服务	400.7	268.9	5311.6	2640.8	2670.8	11617.5
数字内容服务						
其他信息技术服务业	26.3	26.3	2060.9	1053.3	1007.6	192.0

服务业企业法人单位主要指标

营业成本（万元）	税金及附加（万元）	销售费用、管理费用、财务费用合计（万元）	投资收益（万元）	营业利润（万元）	利润总额（万元）	应付职工薪酬（万元）	应交增值税（万元）	平均用工人数（人）
1764092.7	**7506.7**	**449023.5**	**1558.5**	**144475.1**	**159363.7**	**316889.8**	**84448.3**	**32454**
1393093.3	5909.2	379080.4	1227.1	124733.3	137492.0	224571.5	73491.0	20244
1340876.9	5722.3	331921.8	1226.0	139559.3	141210.1	198932.5	72847.8	16428
50602.7	177.2	46118.0	4.3	-14989.3	-3881.4	24701.1	575.9	3703
1613.7	9.7	1040.6	-3.2	163.3	163.3	937.9	67.3	113
24918.2	26.9	4788.8	0.5	-1974.7	-1936.3	1278.2	134.4	245
129.8	0.2	10.6		-5.9	-1.2	10.6	2.7	2
1380.4		3039.3		-2901.1	-2896.7	33.7		8
3188.3	2.6	378.8		35.8	56.1	152.5		51
20219.7	24.1	1360.1	0.5	896.5	905.5	1081.4	131.7	184
346081.2	1570.6	65154.3	330.9	21716.5	23808.0	91040.1	10822.9	11965
157910.7	690.3	35471.5	232.1	9574.7	11228.9	25747.1	4306.9	2342
250.5	6.5	567.9		-226.5	-226.5	341.5	95.5	60
173947.7	815.0	27021.9	98.8	11988.9	12404.0	60684.9	6022.2	9100
4035.2	29.1	585.6		44.0	41.4	1474.5	237.8	284
9752.5	29.4	1495.6		340.0	364.6	2784.1	157.5	177
184.6	0.3	11.8		-4.6	-4.4	8.0	3.0	2

4-37 规模以上物业管理、房地产中介服务业、房地产

行　业	固定资产原　价(万元)	累计折旧(万元)	资产总计(万元)	负债合计(万元)	所有者权益合计(万元)	营业收入(万元)
总　计	**208113.9**	**80412.0**	**628870.3**	**461402.0**	**167468.3**	**371220.2**
房地产业	208113.9	80412.0	628870.3	461402.0	167468.3	371220.2
物业管理	125998.7	48868.6	454588.7	325185.9	129402.8	343718.0
房地产中介服务	307.1	154.1	6053.8	2396.7	3657.1	9793.2
房地产租赁经营	81808.1	31389.3	168227.8	133819.4	34408.4	17709.0
其他房地产业						

4-38 规模以上租赁和商务服务业

行　业	固定资产原　价(万元)	累计折旧(万元)	资产总计(万元)	负债合计(万元)	所有者权益合计(万元)	营业收入(万元)
总　计	**925703.8**	**253581.6**	**10104880.0**	**4771044.1**	**5333835.9**	**840463.1**
租赁业	85664.5	21898.8	147544.0	122023.3	25520.7	38128.5
机械设备经营租赁	85664.5	21898.8	147544.0	122023.3	25520.7	38128.5
文体设备和用品出租						
日用品出租						
商务服务业	840039.3	231682.8	9957336.0	4649020.8	5308315.2	802334.6
组织管理服务	389361.3	70640.9	9105353.0	4143458.1	4961894.9	115192.1
综合管理服务	204117.8	98088.5	311340.3	196266.0	115074.3	100835.0
法律服务	10613.0	2272.2	17733.8	16865.8	868.0	22034.7
咨询与调查	4571.7	1717.7	18259.9	11008.4	7251.5	23333.8
广告业	4741.6	1879.8	39396.6	22071.7	17324.9	30985.4
人力资源服务	7318.4	1420.4	55948.4	34294.2	21654.2	267873.1
安全保护服务	21419.5	10859.4	44425.6	20374.8	24050.8	66134.4
会议、展览及相关服务	105137.8	34623.6	90857.9	17093.2	73764.7	19577.2
其他商务服务业	92758.2	10180.3	274020.5	187588.6	86431.9	156368.9

租赁经营和其他房地产业企业法人单位主要指标

营业成本（万元）	税金及附加（万元）	销售费用、管理费用、财务费用合计（万元）	投资收益（万元）	营业利润（万元）	利润总额（万元）	应付职工薪酬（万元）	应交增值税（万元）	平均用工人数（人）
284966.6	**5066.9**	**73272.4**	**258.3**	**10009.1**	**18320.7**	**105609.2**	**201070.0**	**26505**
284966.6	5066.9	73272.4	258.3	10009.1	18320.7	105609.2	20107.0	26505
277226.3	3576.0	56516.5	258.3	8469.0	17012.9	98872.0	18685.9	25229
6369.2	66.1	3052.3		298.1	295.9	3936.8	527.7	852
1371.1	1424.8	13703.6		1242.0	1011.9	2800.4	893.4	424

企业法人单位主要指标

营业成本（万元）	税金及附加（万元）	销售费用、管理费用、财务费用合计（万元）	投资收益（万元）	营业利润（万元）	利润总额（万元）	应付职工薪酬（万元）	应交增值税（万元）	平均用工人数（人）
638011.8	**9909.0**	**258310.7**	**60901.1**	**22626.1**	**28515.2**	**207801.5**	**16789.7**	**41705**
29563.8	186.1	7343.2		995.3	979.1	7409.9	773.1	1359
29563.8	186.1	7343.2		995.3	979.1	7409.9	773.1	1359
608448.0	9722.9	250967.5	60901.1	21630.8	27536.1	200391.6	16016.6	40346
76019.9	4207.1	109336.6	60575.9	8285.1	8423.6	21443.1	1585.3	1823
46632.5	2335.7	45736.1	66.7	6222.0	5146.2	15189.4	3702.3	3463
6901.8	145.5	14864.3		123.1	122.3	3460.0	1244.0	507
13579.1	120.5	8389.4		585.2	582.3	4915.1	830.7	703
22773.3	616.9	4476.3		3115.8	3192.1	5229.7	575.8	708
255023.5	691.9	10829.4	121.3	1449.6	1737.4	96860.1	5364.7	19655
32694.0	207.0	28652.8	131.4	4665.3	4401.1	37025.6	1293.0	11689
19060.8	259.5	6430.0		-1283.5	-1141.6	4745.2	343.4	408
135763.1	1138.8	22252.6	5.8	-1531.8	5072.7	11523.4	1077.4	1390

4-39 规模以上科学研究和技术服务业

行　业	固定资产原　价（万元）	累计折旧（万元）	资产总计（万元）	负债合计（万元）	所有者权益合计（万元）	营业收入（万元）
总　计	**361614.1**	**138930.3**	**1844927.3**	**1039270.5**	**805656.8**	**1166571.0**
研究和试验发展	51452.3	13058.0	148131.3	58504.3	89627.0	41027.6
自然科学研究和试验发展						
工程和技术研究和试验发展	51452.3	13058.0	148131.3	58504.3	89627.0	41027.6
农业科学研究和试验发展						
医学研究和试验发展						
社会人文科学研究						
专业技术服务业	291528.9	121381.1	1656522.7	954517.7	702005.0	1108130.7
气象服务	409.0	324.8	730.2	691.0	39.2	1604.6
地震服务						
海洋服务						
测绘地理信息服务	4043.5	2748.4	10620.4	5904.5	4715.9	18091.8
质检技术服务	38551.7	14813.3	77171.2	41127.2	36044.0	61481.0
环境与生态监测检测服务	15197.1	4871.0	22017.8	10843.6	11174.2	9590.3
地质勘查	24786.3	15966.8	169203.4	92260.5	76942.9	43432.5
工程技术与设计服务	195084.9	75679.5	1237612.4	731722.8	505889.6	919641.1
工业与专业设计及其他专业技术服务	13456.4	6977.3	139167.3	71968.1	67199.2	54289.4
科技推广和应用服务业	18632.9	4491.2	40273.3	26248.5	14024.8	17412.7
技术推广服务	18632.9	4491.2	40273.3	26248.5	14024.8	17412.7
知识产权服务						
科技中介服务						
创业空间服务						
其他科技推广服务业						

企业法人单位主要指标

营业成本（万元）	税金及附加（万元）	销售费用、管理费用、财务费用合计（万元）	投资收益（万元）	营业利润（万元）	利润总额（万元）	应付职工薪酬（万元）	应交增值税（万元）	平均用工人数（人）
850897.8	**8423.5**	**179390.0**	**4389.5**	**129786.1**	**131636.6**	**335250.1**	**40129.1**	**27541**
19666.3	168.0	6425.9	2.7	14847.4	16263.8	12203.5	690.9	1110
19666.3	168.0	6425.9	2.7	14847.4	16263.8	12203.5	690.9	1110
819395.3	8231.5	168907.0	4386.8	113375.6	113672.8	321685.6	39435.2	26150
1147.1	4.5	422.1		30.9	30.9	145.7	281.9	37
14138.2	96.8	3140.8		772.9	767.9	5085.5	743.3	619
37665.8	491.8	16795.0	4.6	6563.1	6571.6	15292.4	2620.5	1612
6815.7	80.4	2335.0		393.7	280.9	3447.6	316.2	300
37052.3	247.4	4147.0	839.5	2756.5	3204.1	12036.9	1456.9	1750
685655.3	6396.1	134105.6	3542.7	93725.7	94037.5	274002.8	32570.0	21085
36920.9	914.5	7961.5		9132.8	8779.9	11674.7	1446.4	747
11836.2	24.0	4057.1		1563.1	1700.0	1361.0	3.0	281
11836.2	24.0	4057.1		1563.1	1700.0	1361.0	3.0	281

4-40 规模以上水利、环境和公共设施

行　　业	固定资产原　　价(万元)	累计折旧(万元)	资产总计(万元)	负债合计(万元)	所有者权益合计(万元)	营业收入(万元)
总　计	**537514.0**	**79219.0**	**4417425.6**	**2499798.9**	**1917626.7**	**212475.0**
水利管理业	151056.3	24634.9	131175.9	15784.7	115391.2	10990.3
防洪除涝设施管理						
水资源管理	32337.4	7892.4	27082.6	4116.0	22966.6	4437.0
天然水收集与分配	106358.4	16742.5	90602.8	10552.0	80050.8	5408.0
水文服务						
其他水利管理业	12360.5		13490.5	1116.7	12373.8	1145.3
生态保护和环境治理业						
生态保护						
环境治理业						
公共设施管理业	386457.7	54584.1	4286249.7	2484014.2	1802235.5	201484.7
市政设施管理	121822.2	21158.0	3311587.4	2085306.6	1226280.8	51551.8
环境卫生管理	11414.6	1060.4	381917.8	182678.8	199239.0	79165.3
城乡市容管理	705.1	151.3	40311.1	26793.1	13518.0	23423.6
绿化管理						
城市公园管理						
游览景区管理	252515.8	32214.4	552433.4	189235.7	363197.7	47344.0
土地管理业						
土地整治服务						
土地调查评估服务						
土地登记服务						
土地登记代理服务						
其他土地管理服务						

管理业企业法人单位主要指标

营业成本（万元）	税金及附加（万元）	销售费用、管理费用、财务费用合计（万元）	投资收益（万元）	营业利润（万元）	利润总额（万元）	应付职工薪酬（万元）	应交增值税（万元）	平均用工人数（人）
160258.3	**2762.5**	**35386.8**	**2301.0**	**16345.9**	**17363.3**	**38069.5**	**3827.8**	**8940**
10969.7	7.1	2888.8		-2662.8	-2749.3	9485.2	12.5	1445
4321.5	5.0	1545.4		-1222.4	-1505.1	4238.5	9.3	515
5559.8	2.1	1286.5		-1440.4	-1229.3	4444.0	3.2	843
1088.4		56.9			-14.9	802.7		87
149288.6	2755.4	32498.0	2301.0	19008.7	20112.6	28584.3	3815.3	7495
33036.7	1482.9	10877.5	2175.1	8071.2	8135.2	2147.6	973.4	263
70261.0	85.2	3541.7		4922.8	4910.4	12505.8	5.8	4936
19170.3	245.9	919.3		3088.1	3102.1	1776.9	1819.4	232
26820.6	941.4	17159.5	125.9	2926.6	3964.9	12154.0	1016.7	2064

4-41 规模以上居民服务、修理和

行业	固定资产原价(万元)	累计折旧(万元)	资产总计(万元)	负债合计(万元)	所有者权益合计(万元)	营业收入(万元)
总计	**36707.4**	**8625.6**	**86061.1**	**63846.7**	**22214.4**	**28342.9**
居民服务业	33884.3	7894.4	78884.7	60787.5	18097.2	16196.8
家庭服务	63.0	15.1	3259.9	926.5	2333.4	1846.7
托儿所服务						
洗染服务						
理发及美容服务	31.0	1.0	46.0		46.0	514.9
洗浴和保健养生服务	25974.5	6842.8	53509.3	44233.4	9275.9	6687.8
摄影扩印服务	6235.1	480.3	17796.6	12661.6	5135.0	4026.1
婚姻服务						
殡葬服务	1580.7	555.2	4272.9	2966.0	1306.9	3121.3
其他居民服务业						
机动车、电子产品和日用产品修理业	1063.5	16.3	1542.4	439.1	1103.3	2537.8
汽车、摩托车等修理与维护	1063.5	16.3	1542.4	439.1	1103.3	2537.8
计算机和办公设备维修						
家用电器修理						
其他日用产品修理业						
其他服务业	1759.6	714.9	5634.0	2620.1	3013.9	9608.3
清洁服务	1389.8	364.7	4643.4	1650.4	2993.0	7437.4
宠物服务						
其他未列明服务业	369.8	350.2	990.6	969.7	20.9	2170.9

其他服务业企业法人单位主要指标

营业成本(万元)	税金及附加(万元)	销售费用、管理费用、财务费用合计(万元)	投资收益(万元)	营业利润(万元)	利润总额(万元)	应付职工薪酬(万元)	应交增值税(万元)	平均用工人数(人)
19274.9	**215.4**	**9007.8**		**-159.5**	**-507.5**	**8035.0**	**669.1**	**2058**
9173.8	113.2	7865.8		-958.6	-981.3	4645.4	298.1	1384
1015.4	3.0	815.3		10.3	34.4	1616.3	15.7	520
251.1	15.1	12.1		236.7	236.7	161.2	0.7	43
3238.0	49.8	5494.8		-2094.8	-2139.8	2062.2	271.3	571
2939.3	10.7	650.5		425.6	425.8	328.4	10.4	141
1730.0	34.6	893.1		463.6	461.6	477.3		109
2417.0	63.5	115.6		-58.2	-58.2	137.1	59.2	18
2417.0	63.5	115.6		-58.2	-58.2	137.1	59.2	18
7684.1	38.7	1026.4		857.3	532.0	3252.5	311.8	656
5948.3	22.0	614.9		850.4	525.2	2072.5	209.7	506
1735.8	16.7	411.5		6.9	6.8	1180.0	102.1	150

4-42 规模以上教育企业法人

行　业	固定资产原　价（万元）	累计折旧（万元）	资产总计（万元）	负债合计（万元）	所有者权益合计（万元）	营业收入（万元）
总　计	**33466.0**	**15007.5**	**135296.9**	**87483.8**	**47813.1**	**49172.4**
学前教育						
初等教育	987.5	135.5	1088.5	1194.1	-105.6	218.5
中等教育	3106.0	1300.3	8294.9	6372.3	1922.6	6080.3
高等教育						
特殊教育						
技能培训、教育辅助及其他教育	29372.5	13571.7	125913.5	79917.4	45996.1	42873.6

4-43 规模以卫生和社会工作企业

行　业	固定资产原　价（万元）	累计折旧（万元）	资产总计（万元）	负债合计（万元）	所有者权益合计（万元）	营业收入（万元）
总　计	**139846.9**	**56477.4**	**252034.8**	**158038.1**	**93996.7**	**193533.8**
卫生	139846.9	56477.4	252034.8	158038.1	93996.7	193533.8
医院	132707.8	54316.3	233166.4	148201.5	84964.9	170902.8
基层医疗卫生服务						
专业公共卫生服务	1171.9	142.2	1649.0	20.8	1628.2	1572.4
其他卫生活动	5967.2	2018.9	17219.4	9815.8	7403.6	21058.6
社会工作						
提供住宿社会工作						
不提供住宿社会工作						

单位分行业主要指标

营业成本（万元）	税金及附加（万元）	销售费用、管理费用、财务费用合计（万元）	投资收益（万元）	营业利润（万元）	利润总额（万元）	应付职工薪酬（万元）	应交增值税（万元）	平均用工人数（人）
28390.8	**290.1**	**18407.5**	**74.0**	**2038.2**	**2175.6**	**20200.2**	**1216.1**	**2895**
200.6		175.8		-157.9	-157.9	155.2		43
3912.9		1787.3		380.1	380.4	3200.0		464
24277.3	290.1	16444.4	74.0	1816.0	1953.1	16845.0	1216.1	2388

法人单位分行业主要指标

营业成本（万元）	税金及附加（万元）	销售费用、管理费用、财务费用合计（万元）	投资收益（万元）	营业利润（万元）	利润总额（万元）	应付职工薪酬（万元）	应交增值税（万元）	平均用工人数（人）
136638.9	**555.3**	**51128.2**	**2.6**	**5146.3**	**6704.5**	**53873.4**	**297.3**	**8419**
136638.9	555.3	51128.2	2.6	5146.3	6704.5	53873.4	297.3	8419
122104.6	547.0	45850.3	2.6	2370.8	3913.7	47863.0	250.0	8171
1374.3	4.7	116.3		77.1	77.1	228.2	47.2	25
13160.0	3.6	5161.6		2698.4	2713.7	5782.2	0.1	223

4-44 规模以上文化、体育和

行　　业	固定资产原　价(万元)	累计折旧(万元)	资产总计(万元)	负债合计(万元)	所有者权益合计(万元)	营业收入(万元)
总　计	**224789.6**	**62781.8**	**1551171.5**	**797273.9**	**753897.6**	**232212.1**
新闻和出版业	48368.4	30036.3	315208.4	51932.6	263275.8	95642.4
新闻业	16.1		1139.8	453.8	686.0	3343.3
出版业	48352.3	30036.3	314068.6	51478.8	262589.8	92299.1
广播、电视、电影和录音制作业	28511.9	12265.1	77026.9	50793.7	26233.2	41007.7
广播						
电视	2941.4	2177.1	21828.8	21016.1	812.7	8575.9
影视节目制作						
广播电视集成播控						
电影和广播电视节目发行						
电影放映	25570.5	10088.0	55198.1	29777.6	25420.5	32431.8
录音制作						
文化艺术业	85770.8	15617.4	902061.9	552850.9	349211.0	64880.1
文艺创作与表演	6393.2	916.3	11567.6	4151.8	7415.8	4020.3
艺术表演场馆	5307.3	1958.9	16508.6	15607.6	901.0	18920.6
图书馆与档案馆						
文物及非物质文化遗产保护	52830.3	12289.5	800240.9	487097.4	313143.5	33639.8
博物馆						
烈士陵园、纪念馆						
群众文体活动	1674.8	5.6	31035.3	29252.9	1782.4	878.1
其他文化艺术业	19565.2	447.1	42709.5	16741.2	25968.3	7421.3
体育	117.9	38.2	4500.1	4116.9	383.2	2085.7
体育组织	4.4		788.3	479.2	309.1	1256.3
体育场地设施管理						
健身休闲活动	113.5	38.2	3711.8	3637.7	74.1	829.4
其他体育						
娱乐业	62020.6	4824.8	252374.2	137579.8	114794.4	28596.2
室内娱乐活动	348.3	291.6	491.8	5.8	486.0	363.0
游乐园	30154.9	931.7	51698.1	30753.2	20944.9	13473
休闲观光活动	14902.5	2587.3	130271.9	69196.0	61075.9	11602.9
彩票活动						
文化体育娱乐活动与经纪代理服务	2070.3	924.2	51830.7	24797.1	27033.6	2421.6
其他娱乐业	14544.6	90.0	18081.7	12827.7	5254.0	735.7

娱乐业法人单位主要指标

营业成本（万元）	税金及附加（万元）	销售费用、管理费用、财务费用合计（万元）	投资收益（万元）	营业利润（万元）	利润总额（万元）	应付职工薪酬（万元）	应交增值税（万元）	平均用工人数（人）
145124.8	**4348.0**	**75860.6**	**5266.9**	**12161.1**	**19885.0**	**46210.0**	**6839.4**	**8717**
68251.8	632.9	19821.7	1039.1	7885.2	10679.5	18593.9	1416.6	2179
2526.3	42.0	746.6		28.4	28.3	295.1	42.0	86
65725.5	590.9	19075.1	1039.1	7856.8	10651.2	18298.8	1374.6	2093
29094.3	846.9	11555.9	72.0	-321.4	80.9	4691.7	876.2	979
9006.9	22.5	602.2		-1055.7	-1055.4	948.4		96
20087.4	824.4	10953.7	72.0	734.3	1136.3	3743.3	876.2	883
34592.9	2338.4	27046.4	4155.8	5065.5	9024.9	13974.3	2565.3	3145
2012.2	35.1	2502.2		-523.9	142.8	1882.1	51.4	500
9795.1	866.8	7503.1		761.9	2556.1	3431.8	670.2	782
17154.4	1245.9	13562.3	4155.8	5833.1	6956.6	6239.8	1667.8	1169
382.3	108.0	1543.9		-1156.1	-832.0	374.6	36.7	65
5248.9	82.6	1934.9		150.5	201.4	2046.0	139.2	629
1480.8	10.8	483.5		110.6	107.3	308.9	29.4	80
956.1	5.9	230.4		63.9	63.9	46.5	5.9	15
524.7	4.9	253.1		46.7	43.4	262.4	23.5	65
11705.0	519.0	16953.1		-578.8	-7.6	8641.2	1951.9	2334
125.6	2.1	277.5		-42.2	-45.2	171.3	1.1	50
6935.8	194.4	7580.3		-1241.4	-1080.8	5156.4	390.2	1354
3060.8	222.0	6356.3		1969.5	1969.4	2769.4	1464.3	706
1325.9	72.2	1365.8		-342.3	26.9	187.1	86.6	64
256.9	28.3	1373.2		-922.4	-877.9	357.0	9.7	160

第5篇

服务业行政事业及非企业法人单位篇

5-1　服务业行政事业及非企业法人单位分行业主要指标

行　　业	单位数(个)	资产总计(万元)	非企业单位支出(费用)(万元)	从业人员(人)
总　计	**69883**	**57630041.6**	**33461668.9**	**1281199**
交通运输、仓储和邮政业	**129**	**290846.6**	**200534.5**	**8805**
道路运输业	123	216832.1	183313.1	8583
水上运输业				
航空运输业	1	1035.2	1036.0	36
多式联运和运输代理业				
装卸搬运和仓储业	5	72979.2	16185.4	186
邮政业				
信息传输、软件和信息技术服务业	**42**	**160339.4**	**35062.5**	**1006**
电信、广播电视和卫星传输服务	24	145585.7	24018.2	839
互联网和相关服务	12	13330.7	10155.3	147
软件和信息技术服务业	6	1423.0	889.1	20
房地产业	**32**	**91348.6**	**6650.5**	**485**
物业管理	21	10177.0	4063.2	245
房地产中介服务	3	642.2	777.9	41
房地产租赁经营	3	57705.3	1448.7	116
其他房地产业	5	22824.0	360.7	83
租赁和商务服务业	**415**	**413904.7**	**108783.2**	**4077**
租赁业	2		2.4	3
机械设备经营租赁	1		2.4	2
文体设备和用品出租	1			1
商务服务业	413	413904.7	108780.8	4074
组织管理服务	117	325090.0	57642.9	1823
综合管理服务	50	43041.6	13532.2	660
法律服务	98	2406.6	4182.8	405
咨询与调查	54	3369.9	3938.2	290
广告业	2	7.6	8.0	8
人力资源服务	41	5549.7	18597.4	397
安全保护服务	3	781.6	2529.0	13
会议、展览及相关业务	15	3112.7	2609.4	168
其他商务服务业	33	30545.1	5740.9	310
科学研究和技术服务业	**1412**	**3490325.8**	**1007775.2**	**34484**
研究和试验发展	148	850680.1	267280.5	7271
专业技术服务业	801	2480301.6	555847.7	19595
技术推广和应用服务业	463	159344.2	184647.1	7618
水利、环境和公共设施管理业	**687**	**2012619.5**	**688218.0**	**24227**
水利管理业	424	1308727.2	325346.5	7378
防洪除涝设施管理	21	104339.4	8172.2	350
水资源管理	316	935126.6	167595.9	4875
天然水收集与分配	22	44367.8	5048.9	303

5-1 续表 1

行　业	单位数(个)	资产总计(万元)	非企业单位支出(费用)(万元)	从业人员(人)
水文服务	12	37504.6	13311.7	577
其他水利管理业	53	187388.8	131217.8	1273
生态保护和环境治理业	79	78608.8	49677.5	1862
生态保护	72	66871.7	45786.4	1723
环境治理业	7	11737.1	3891.2	139
公共设施管理业	176	624640.2	308016.3	14866
市政设施管理	18	390261.3	122651.4	1763
环境卫生管理	28	36445.0	38036.1	2199
城乡市容管理	11	37218.8	55782.1	6339
绿化管理	42	19754.6	32834.4	2108
城市公园管理	26	25286.5	15639.8	768
游览景区管理	51	115673.9	43072.6	1689
土地管理业	8	643.2	5177.5	121
土地整治服务	2			
土地调查评估服务				
土地登记服务	4	598.7	4502.0	100
土地登记代理服务				
其他土地管理服务	2	44.4	675.5	21
居民服务、修理和其他服务业	**104**	**51518.4**	**15731.1**	**1053**
居民服务业	92	51220.4	14980.3	976
机动车、电子产品和日用产品修理业	1	43.0	5.5	30
其他服务业	11	255.1	745.3	47
教育	**9202**	**14021236.8**	**6021527.2**	**372830**
学前教育	2254	481426.5	286779.9	35820
初等教育	3818	1983674.2	1359893.7	110693
中等教育	1714	5096250.2	2155786.1	148629
高等教育	75	5483525.3	1634647.9	36799
特殊教育	44	50729.5	22865.7	1020
技能培训、教育辅助及其他教育	1297	925632.8	561554.0	39869
卫生和社会工作	**2941**	**7473530.8**	**4257324.5**	**155579**
卫生	2470	7237601.9	4136327.6	151298
医院	314	5438403.7	3103499.4	97518
基层医疗卫生服务	1754	814921.1	561686.8	37024
专业公共卫生服务	392	978635.0	468872.3	16615
其他卫生活动	10	5642.3	2269.1	141
社会工作	471	235928.9	120996.9	4281
提供住宿社会工作	345	211090.8	99433.0	3608
不提供住宿社会工作	126	24838.1	21563.9	673

5-1 续表 2

行 业	单位数(个)	资产总计(万元)	非企业单位支出(费用)(万元)	从业人员(人)
文化、体育和娱乐业	**1106**	**1227593.6**	**436481.2**	**18522**
新闻和出版业	47	101350.1	52281.5	1339
新闻业	23	63456.8	33056.7	578
出版业	24	37893.4	19224.8	761
广播、电视、电影和录音制作业	69	266313.3	93868.6	3740
广播	14	54998.4	18425.8	698
电视	30	41352.1	26509.5	1628
影视节目制作	6	141289.3	40304.8	877
广播电视集成播控	11	18551.4	5841.4	394
电影和广播电视节目发行	3	3035.1	2393.1	113
电影放映	5	7086.9	394.0	30
录音制作				
文化艺术业	817	702257.1	245601.6	11496
文艺创作与表演	89	40842.7	14184.3	1761
艺术表演场馆	4	3144.0	1186.1	75
图书馆与档案馆	165	194660.6	62030.1	2384
文物及非物质文化遗产保护	73	200652.4	56900.1	2090
博物馆	133	185166.0	53750.3	2247
烈士陵园、纪念馆	62	38306.3	14702.2	713
群众文体活动	204	29073.4	31005.4	1604
其他文化艺术业	87	10411.8	8241.3	622
体育	110	100834.3	26847.4	988
体育组织	65	74223.8	19753.7	583
体育场地设施管理	10	10955.3	2695.0	120
健身休闲活动	34	15619.1	4398.7	285
其他体育	1			
娱乐业	63	56874.7	21484.1	959
室内娱乐业	2		67.6	
游乐园	1	196.3	150.6	13
休闲观光活动	1	12.3	3.6	3
彩票活动	11	51830.1	15039.5	549
文化体育娱乐活动与经纪代理服务	48	4836.0	6222.8	394
其他娱乐业				
公共管理、社会保障和社会组织	**53813**	**28396777.3**	**20683580.5**	**660131**
中国共产党机关	978	500921.6	691414.9	21249
国家机构	11041	20710869.5	19085476.2	466319
人民政协、民主党派	193	27420.5	65315.8	3310
社会保障	113	9340.8	192937.9	1908
群众团体、社会团体和其他成员组织	24047	2681879.9	292555.2	75110
基层群众自治组织	17439	4466345.1	355881.1	91135

5-2　交通运输、仓储和邮政业行政事业及非企业法人单位分地区主要指标

地　区	单位数(个)	资产总计(万元)	非企业单位支出(费用)(万元)	从业人员(人)
全　省	**129**	**290846.4**	**200535.3**	**8805**
兰　州	17	81770.2	37629.4	1720
嘉峪关				
金　昌	3	13832.7	7351.0	391
白　银	9	1807.6	3429.9	215
天　水	14	9687.9	12218.2	521
武　威	3	3880.9	3476.7	195
张　掖	12	17363.0	17342.1	625
平　凉	15	21115.2	15366.8	568
酒　泉	4	1153.8	3118.8	82
庆　阳	6	12724.0	9193.0	288
定　西	26	96053.0	50334.0	2917
陇　南	15	11677.7	12818.4	638
临　夏	5	19780.4	28257.0	645
甘　南				

5-3　信息传输、软件和信息技术服务业行政事业及非企业法人单位分地区主要指标

地　区	单位数(个)	资产总计(万元)	非企业单位支出(费用)(万元)	从业人员(人)
全　省	**42**	**160339.2**	**35062.9**	**1006**
兰　州	11	150483.4	25531.2	526
嘉峪关				
金　昌				
白　银	1		23.6	4
天　水	3	478.1	696.0	34
武　威	1	388.3	231.5	13
张　掖	4	170.4	1570.8	14
平　凉	5	1017.6	1331.8	50
酒　泉	4	2841.9	1845.8	124
庆　阳	3	1025.0	516.0	31
定　西	5	2816.0	1858.0	112
陇　南	3	427.2	588.2	33
临　夏	2	691.3	870.0	65
甘　南				

5-4　租赁和商务服务业行政事业及非企业法人单位分地区主要指标

地区	单位数(个)	资产总计(万元)	非企业单位支出(费用)(万元)	从业人员(人)
全省	**415**	**413904.4**	**108783.7**	**4077**
兰州	99	116768.3	48703.6	1402
嘉峪关	8	11494.5	7374.3	147
金昌	17	2528.7	2870.8	82
白银	17	9268.8	1908.5	312
天水	59	7818.6	7015.2	584
武威	14	22653.5	3059.5	120
张掖	31	187733.6	8350.1	109
平凉	27	3012.9	5476.4	215
酒泉	41	2294.8	4056.0	261
庆阳	26	12767.0	1850.0	162
定西	40	27402.0	11146.0	315
陇南	22	9426.3	2896.3	221
临夏	12	660.0	4006.6	136
甘南	2	75.4	70.4	11

5-5　科学研究和技术服务业行政事业及非企业法人单位分地区主要指标

地区	单位数(个)	资产总计(万元)	非企业单位支出(费用)(万元)	从业人员(人)
全省	**1412**	**3490326.34**	**1007774.92**	**34484**
兰州	281	2626197.04	540906.32	13933
嘉峪关	22	15281.80	7944.90	309
金昌	32	9786.70	8770.40	182
白银	93	116862.20	33917.40	1545
天水	106	149585.00	62161.00	4040
武威	67	72409.30	42736.70	2073
张掖	163	61263.10	42154.50	1453
平凉	93	238936.10	79969.70	2282
酒泉	99	26031.20	24289.60	976
庆阳	92	70873.00	44847.00	1445
定西	122	29649.00	49147.00	1892
陇南	92	28392.40	24884.10	1567
临夏	92	12978.90	32971.40	2020
甘南	58	32080.60	13074.90	767

5-6 水利、环境和公共设施管理业行政事业及非企业法人单位分地区主要指标

地 区	单位数(个)	资产总计(万元)	非企业单位支出(费用)(万元)	从业人员(人)
全 省	**687**	**2012619.4**	**688217.7**	**24227**
兰 州	65	769890.4	271706.3	9811
嘉峪关	5	8679.1	1203.4	76
金 昌	9	88013.6	12781.1	863
白 银	37	332542.2	68221.9	2103
天 水	53	66452.9	73863.8	2208
武 威	28	102421.9	86540.7	1094
张 掖	275	119943.1	36771.2	1338
平 凉	49	58923.9	21179.9	1352
酒 泉	53	362578.2	67628.4	1898
庆 阳	16	14790.0	8527.0	604
定 西	51	53305.0	18176.0	1739
陇 南	29	24444.5	16196.5	799
临 夏	16	8840.6	1932.9	267
甘 南	1	1794.0	3488.6	75

5-7 居民服务、修理和其他服务业行政事业及非企业法人单位分地区主要指标

地 区	单位数(个)	资产总计(万元)	非企业单位支出(费用)(万元)	从业人员(人)
全 省	**104**	**51517.9**	**15730.6**	**1053**
兰 州	25	14710.6	6818.4	361
嘉峪关	8	2938.6	1017.6	88
金 昌	3	38.7	56.8	11
白 银	8	13811.1	2180.6	62
天 水	11	3336.7	2044.0	133
武 威	4	1026.5	370.6	55
张 掖	15	1777.0	363.1	16
平 凉	8	3716.7	1353.2	82
酒 泉	11	5062.7	867.9	156
庆 阳	1	1487.0	270.0	25
定 西	5	144.0	348.0	41
陇 南	2	159.1	18.3	12
临 夏	1	1913.2	5.1	7
甘 南	2	1396.0	17.0	4

5-8　教育行政事业及非企业法人单位分地区主要指标

地　区	单位数 (个)	资产总计 (万元)	非企业单位 支出(费用) (万元)	从业人员 (人)
全　省	**9202**	**14021238.8**	**6021527.8**	**372830**
兰　州	1339	5678793.1	2078072.1	71211
嘉峪关	160	122282.2	60930.5	4288
金　昌	101	159494.9	80602.4	4717
白　银	539	625000.8	249901.6	22404
天　水	682	1087292.9	478362.1	39476
武　威	523	543626.1	313315.4	22269
张　掖	350	539034.6	271753.1	16857
平　凉	729	713508.7	444319.2	30629
酒　泉	310	427928.6	241274.5	13088
庆　阳	1175	813431.0	428727.0	34115
定　西	1504	895919.0	450869.0	39644
陇　南	766	809335.7	363113.0	33300
临　夏	760	613222.8	275666.0	27011
甘　南	264	992368.4	284621.9	13821

5-9　卫生和社会工作行政事业及非企业法人单位分地区主要指标

地　区	单位数 (个)	资产总计 (万元)	非企业单位 支出(费用) (万元)	从业人员 (人)
全　省	**2941**	**7473530.3**	**4257324.5**	**155579**
兰　州	439	2049548.2	1433566.7	34026
嘉峪关	39	77975.7	51557.9	2244
金　昌	59	108167.9	48096.7	2343
白　银	236	358260.7	198619.7	9799
天　水	262	590191.3	361831.6	14905
武　威	196	620520.2	295759.8	13127
张　掖	197	385995.1	205698.3	8502
平　凉	190	432435.5	321055.1	11652
酒　泉	172	275141.9	201685.2	7577
庆　阳	236	484581.0	274456.0	12326
定　西	245	716404.0	310063.0	14888
陇　南	277	943861.9	259718.0	10637
临　夏	286	305736.4	209836.8	10271
甘　南	107	124710.5	85379.7	3282

5-10 文化、体育和娱乐业行政事业及非企业法人单位分地区主要指标

地 区	单位数(个)	资产总计(万元)	非企业单位支出(费用)(万元)	从业人员(人)
全 省	**1106**	**1227593.6**	**436481.2**	**18522**
兰 州	121	513237.7	162836.0	4140
嘉峪关	42	15704.9	5937.0	523
金 昌	39	23264.0	7528.4	581
白 银	124	23903.5	10688.8	1104
天 水	83	47345.1	22664.5	1648
武 威	41	24692.5	9389.6	596
张 掖	93	47396.3	22557.6	1072
平 凉	82	58094.6	23518.4	1143
酒 泉	80	199857.9	58398.5	2176
庆 阳	83	42513.0	17079.0	1225
定 西	113	92162.0	35315.0	1243
陇 南	80	43415.3	31712.9	1116
临 夏	82	37426.5	18388.5	1283
甘 南	43	58580.3	10467.0	672

5-11 公共管理、社会保障和社会组织行政事业及非企业法人单位分地区主要指标

地 区	单位数(个)	资产总计(万元)	非企业单位支出(费用)(万元)	从业人员(人)
全 省	**53813**	**28396777.3**	**20683580.5**	**660131**
兰 州	4006	7871361.2	4285211.5	90319
嘉峪关	320	756418.7	309540.5	6889
金 昌	767	959445.3	495141.8	13718
白 银	3618	1795383.2	918714.1	41222
天 水	7348	1830183.3	1794279.9	68923
武 威	3483	2020486.7	1635990.9	39108
张 掖	3425	1393307.5	1131269.3	31419
平 凉	3684	1263974.0	1468539.2	50921
酒 泉	2351	1337194.9	1369735.4	29865
庆 阳	3594	1326955.0	1491760.0	52619
定 西	4648	1221507.0	1366022.0	55319
陇 南	6449	3166058.9	1750480.6	68832
临 夏	7862	1931621.1	1542709.4	63876
甘 南	2258	1522880.5	1124185.9	46009

第6篇

企业信息化和电子商务交易情况篇

6-1 分行业企业使用计算机情况

行业	企业数(个)	使用计算机的企业		期末在用计算机数(台)	每百人拥有计算机数(台)
		数量(个)	比重(%)		
总 计	**8183**	**8168**	**99.8**	**322096**	**23.3**
采矿业	**115**	**115**	**100.0**	**13520**	**16.2**
煤炭开采和洗选业	38	38	100.0	10142	19.2
石油和天然气开采业	2	2	100.0	796	4.5
黑色金属矿采选业	14	14	100.0	470	16.2
有色金属矿采选业	27	27	100.0	1242	23.2
非金属矿采选业	21	21	100.0	428	20.3
开采专业及辅助性活动	13	13	100.0	442	19.3
其他采矿业					
制造业	**1289**	**1288**	**99.9**	**77190**	**24.2**
农副食品加工业	233	233	100.0	4553	25.7
食品制造业	57	57	100.0	1793	19.2
酒、饮料和精制茶制造业	48	48	100.0	2466	21.4
烟草制品业	2	2	100.0	982	36.1
纺织业	9	9	100.0	394	14.4
纺织服装、服饰业	6	6	100.0	203	20.7
皮革、毛皮、羽毛及其制品和制鞋业	7	7	100.0	165	11.5
木材加工和木、竹、藤、棕、草制品业	2	2	100.0	12	6.5
家具制造业	2	2	100.0	57	22.9
造纸和纸制品业	14	14	100.0	213	12.3
印刷和记录媒介复制业	13	13	100.0	388	17.5
文教、工美、体育和娱乐用品制造业	5	5	100.0	21	6.3
石油、煤炭及其他燃料加工业	18	18	100.0	12048	44.1
化学原料和化学制品制造业	113	113	100.0	4986	22.2
医药制造业	96	96	100.0	3734	27.0
化学纤维制造业	1	1	100.0	6	4.5
橡胶和塑料制品业	72	72	100.0	1335	22.7
非金属矿物制品业	287	287	100.0	7520	20.2
黑色金属冶炼和压延加工业	36	36	100.0	9066	27.4
有色金属冶炼和压延加工业	47	46	97.9	9834	14.0
金属制品业	65	65	100.0	1536	27.3
通用设备制造业	30	30	100.0	2670	25.9
专用设备制造业	41	41	100.0	6826	43.1
汽车制造业	6	6	100.0	441	37.4
铁路、船舶、航空航天和其他运输设备制造业	3	3	100.0	140	63.6
电气机械和器材制造业	50	50	100.0	3007	27.0
计算机、通信和其他电子设备制造业	7	7	100.0	1383	14.0
仪器仪表制造业	3	3	100.0	252	155.6
其他制造业					
废弃资源综合利用业	14	14	100.0	361	27.7
金属制品、机械和设备修理业	2	2	100.0	798	36.7
电力、热力、燃气及水生产和供应业	**325**	**325**	**100.0**	**18967**	**22.9**
电力、热力生产和供应业	294	294	100.0	15963	21.4
燃气生产和供应业	16	16	100.0	1594	43.5
水的生产和供应业	15	15	100.0	1410	30.0
建筑业	**1564**	**1559**	**99.7**	**40690**	**9.3**
房屋建筑业	829	827	99.8	20321	6.4
土木工程建筑业	399	397	99.5	13884	16.3
建筑安装业	136	135	99.3	3957	17.3
建筑装饰、装修和其他建筑业	200	200	100.0	2528	25.0

6-1 续表

行业	企业数(个)	使用计算机的企业		期末在用计算机数(台)	每百人拥有计算机数(台)
		数量(个)	比重(%)		
批发和零售业	**1559**	**1559**	**100.0**	**40149**	**43.2**
批发业	635	635	100.0	16925	49.4
零售业	924	924	100.0	23224	39.6
交通运输、仓储和邮政业	**296**	**294**	**99.3**	**29189**	**21.2**
铁路运输业	4	4	100.0	15096	18.5
道路运输业	188	186	98.9	4450	12.1
水上运输业	1	1	100.0	14	25.5
航空运输业	6	6	100.0	1386	37.4
管道运输业					
多式联运和运输代理业	17	17	100.0	243	31.9
装卸搬运和仓储业	60	60	100.0	1306	36.3
邮政业	20	20	100.0	6694	58.9
住宿和餐饮业	**687**	**687**	**100.0**	**12324**	**27.0**
住宿业	351	351	100.0	8997	35.9
餐饮业	336	336	100.0	3327	16.2
信息传输、软件和信息技术服务业	**108**	**108**	**100.0**	**32875**	**99.3**
电信、广播电视和卫星传输服务	50	50	100.0	28447	137.1
互联网和相关服务	5	5	100.0	251	98.4
软件和信息技术服务业	53	53	100.0	4177	34.5
房地产业	**1640**	**1633**	**99.6**	**21608**	**31.3**
房地产业	1640	1633	99.6	21608	31.3
租赁和商务服务业	**177**	**177**	**100.0**	**5693**	**23.8**
租赁业	11	11	100.0	255	18.8
商务服务业	166	166	100.0	5438	24.1
科学研究和技术服务业	**174**	**174**	**100.0**	**19238**	**68.1**
研究和试验发展	6	6	100.0	1245	87.6
专业技术服务业	162	162	100.0	17891	67.5
科技推广和应用服务业	6	6	100.0	102	32.0
水利、环境和公共设施管理业	**45**	**45**	**100.0**	**1166**	**13.3**
水利管理业	12	12	100.0	272	18.8
生态保护和环境治理业					
公共设施管理业	33	33	100.0	894	12.2
土地管理业					
居民服务、修理和其他服务业	**20**	**20**	**100.0**	**313**	**14.8**
居民服务业	13	13	100.0	250	17.6
机动车、电子产品和日用产品修理业	3	3	100.0	9	29.0
其他服务业	4	4	100.0	54	8.1
教育	**26**	**26**	**100.0**	**1906**	**65.7**
教育	26	26	100.0	1906	65.7
卫生和社会工作	**61**	**61**	**100.0**	**3777**	**42.1**
卫生	61	61	100.0	3777	42.1
社会工作					
文化、体育和娱乐业	**97**	**97**	**100.0**	**3491**	**43.0**
新闻和出版业	9	9	100.0	1819	83.2
广播、电视、电影和录音制作业	27	27	100.0	475	47.9
文化艺术业	35	35	100.0	655	25.9
体育	3	3	100.0	48	52.2
娱乐业	23	23	100.0	494	21.3

6-2　分地区企业使用计算机情况

地　区	企业数(个)	使用计算机的企业		期末在用计算机数(台)	每百人拥有计算机数(台)
		数量(个)	比重(%)		
全　省	**8183**	**8168**	**99.8**	**322096**	**23.3**
兰　州	2681	2676	99.8	159589	27.2
嘉峪关	243	243	100.0	16161	28.6
金　昌	274	274	100.0	12871	17.7
白　银	448	446	99.6	16332	18.0
天　水	683	683	100.0	17264	18.0
武　威	518	518	100.0	11125	17.9
张　掖	793	793	100.0	14159	24.7
平　凉	301	300	99.7	13466	18.9
酒　泉	614	607	98.9	16994	29.0
庆　阳	461	461	100.0	12710	15.3
定　西	507	507	100.0	11455	21.5
陇　南	351	351	100.0	9403	22.9
临　夏	193	193	100.0	7376	16.9
甘　南	116	116	100.0	3191	29.9

6-3 分行业企业

行业	企业数（个）	使用信息化管理的企业		财务管理		购销存管理	
		数量（个）	比重（%）	数量（个）	占使用信息化管理企业比重（%）	数量(个)	占使用信息化管理企业比重（%）
总　计	**8183**	**7917**	**96.7**	**6825**	**86.2**	**2979**	**37.6**
采矿业	**115**	**109**	**94.8**	**97**	**89.0**	**50**	**45.9**
煤炭开采和洗选业	38	34	89.5	30	88.2	21	61.8
石油和天然气开采业	2	2	100.0	2	100.0	2	100.0
黑色金属矿采选业	14	14	100.0	13	92.9	3	21.4
有色金属矿采选业	27	27	100.0	25	92.6	14	51.9
非金属矿采选业	21	20	95.2	19	95.0	9	45.0
开采专业及辅助性活动	13	12	92.3	8	66.7	1	8.3
其他采矿业							
制造业	**1289**	**1256**	**97.4**	**1136**	**90.4**	**715**	**56.9**
农副食品加工业	233	230	98.7	209	90.9	144	62.6
食品制造业	57	55	96.5	51	92.7	37	67.3
酒、饮料和精制茶制造业	48	48	100.0	46	95.8	29	60.4
烟草制品业	2	2	100.0	2	100.0	1	50.0
纺织业	9	9	100.0	8	88.9	4	44.4
纺织服装、服饰业	6	6	100.0	5	83.3	2	33.3
皮革、毛皮、羽毛及其制品和制鞋业	7	7	100.0	5	71.4	2	28.6
木材加工和木、竹、藤、棕、草制品业	2	2	100.0	2	100.0	1	50.0
家具制造业	2	2	100.0	1	50.0	2	100.0
造纸和纸制品业	14	14	100.0	13	92.9	8	57.1
印刷和记录媒介复制业	13	13	100.0	10	76.9	5	38.5
文教、工美、体育和娱乐用品制造业	5	4	80.0	1	25.0	3	75.0
石油、煤炭及其他燃料加工业	18	18	100.0	17	94.4	14	77.8
化学原料和化学制品制造业	113	111	98.2	98	88.3	64	57.7
医药制造业	96	93	96.9	83	89.2	70	75.3
化学纤维制造业	1	1	100.0	1	100.0	1	100.0
橡胶和塑料制品业	72	71	98.6	64	90.1	36	50.7
非金属矿物制品业	287	275	95.8	253	92.0	133	48.4
黑色金属冶炼和压延加工业	36	35	97.2	30	85.7	13	37.1
有色金属冶炼和压延加工业	47	45	95.7	42	93.3	28	62.2
金属制品业	65	63	96.9	55	87.3	31	49.2
通用设备制造业	30	30	100.0	26	86.7	16	53.3
专用设备制造业	41	39	95.1	34	87.2	21	53.8

信息化管理情况

生产制造管理		物流配送管理		客户关系管理		人力资源管理		其他	
数量（个）	占使用信息化管理企业比重（%）	数量（个）	占使用信息化管理企业比重（%）	数量（个）	占使用信息化管理企业比重（%）	数量（个）	占使用信息化管理企业比重（%）	数量（个）	占使用信息化管理企业比重（%）
996	**12.6**	**662**	**8.4**	**2139**	**27.0**	**2518**	**31.8**	**1749**	**22.1**
21	**19.3**	**9**	**8.3**	**23**	**21.1**	**38**	**34.9**	**27**	**24.8**
6	17.6	2	5.9	8	23.5	12	35.3	7	20.6
2	100.0			1	50.0	2	100.0		
2	14.3	3	21.4	4	28.6	3	21.4	3	21.4
5	18.5	1	3.7	5	18.5	11	40.7	5	18.5
3	15.0	3	15.0	5	25.0	6	30.0	6	30.0
3	25.0					4	33.3	6	50.0
512	**40.8**	**193**	**15.4**	**374**	**29.8**	**480**	**38.2**	**206**	**16.4**
86	37.4	36	15.7	81	35.2	75	32.6	39	17.0
27	49.1	7	12.7	17	30.9	27	49.1	11	20.0
18	37.5	14	29.2	20	41.7	26	54.2	5	10.4
1	50.0	1	50.0	1	50.0	1	50.0		
3	33.3			2	22.2	6	66.7	2	22.2
2	33.3	1	16.7	1	16.7	3	50.0	1	16.7
2	28.6	1	14.3	3	42.9	3	42.9	2	28.6
						1	50.0		
1	50.0	1	50.0	1	50.0				
6	42.9	3	21.4	4	28.6	5	35.7		
6	46.2	1	7.7	1	7.7	3	23.1	2	15.4
				2	50.0	1	25.0		
10	55.6	3	16.7	5	27.8	9	50.0	1	5.6
44	39.6	15	13.5	32	28.8	48	43.2	24	21.6
43	46.2	21	22.6	34	36.6	37	39.8	15	16.1
				1	100.0	1	100.0		
22	31.0	10	14.1	20	28.2	23	32.4	11	15.5
135	49.1	39	14.2	63	22.9	83	30.2	50	18.2
12	34.3	7	20.0	6	17.1	14	40.0	5	14.3
18	40.0	8	17.8	17	37.8	23	51.1	6	13.3
17	27.0	3	4.8	12	19.0	24	38.1	10	15.9
12	40.0	3	10.0	11	36.7	13	43.3	5	16.7
13	33.3	4	10.3	17	43.6	18	46.2	7	17.9

6-3 续表 1

行业	企业数(个)	使用信息化管理的企业		财务管理		购销存管理	
		数量(个)	比重(%)	数量(个)	占使用信息化管理企业比重(%)	数量(个)	占使用信息化管理企业比重(%)
汽车制造业	6	5	83.3	5	100.0	3	60.0
铁路、船舶、航空航天和其他运输设备制造业	3	3	100.0	3	100.0	2	66.7
电气机械和器材制造业	50	49	98.0	46	93.9	31	63.3
计算机、通信和其他电子设备制造业	7	7	100.0	7	100.0	4	57.1
仪器仪表制造业	3	3	100.0	3	100.0	1	33.3
其他制造业							
废弃资源综合利用业	14	14	100.0	14	100.0	7	50.0
金属制品、机械和设备修理业	2	2	100.0	2	100.0	2	100.0
电力、热力、燃气及水生产和供应业	**325**	**321**	**98.8**	**290**	**90.3**	**98**	**30.5**
电力、热力生产和供应业	294	290	98.6	261	90.0	86	29.7
燃气生产和供应业	16	16	100.0	15	93.8	8	50.0
水的生产和供应业	15	15	100.0	14	93.3	4	26.7
建筑业	**1564**	**1515**	**96.9**	**1327**	**87.6**	**223**	**14.7**
房屋建筑业	829	809	97.6	707	87.4	115	14.2
土木工程建筑业	399	382	95.7	350	91.6	57	14.9
建筑安装业	136	133	97.8	114	85.7	23	17.3
建筑装饰、装修和其他建筑业	200	191	95.5	156	81.7	28	14.7
批发和零售业	**1559**	**1506**	**96.6**	**1260**	**83.7**	**1042**	**69.2**
批发业	635	605	95.3	527	87.1	393	65.0
零售业	924	901	97.5	733	81.4	649	72.0
交通运输、仓储和邮政业	**296**	**286**	**96.6**	**234**	**81.8**	**63**	**22.0**
铁路运输业	4	4	100.0	4	100.0		
道路运输业	188	181	96.3	143	79.0	21	11.6
水上运输业	1	1	100.0	1	100.0		
航空运输业	6	5	83.3	4	80.0		
管道运输业							
多式联运和运输代理业	17	16	94.1	11	68.8	3	18.8
装卸搬运和仓储业	60	59	98.3	53	89.8	29	49.2
邮政业	20	20	100.0	18	90.0	10	50.0
住宿和餐饮业	**687**	**661**	**96.2**	**506**	**76.6**	**292**	**44.2**
住宿业	351	343	97.7	280	81.6	140	40.8
餐饮业	336	318	94.6	226	71.1	152	47.8

生产制造管理		物流配送管理		客户关系管理		人力资源管理		其他	
数量（个）	占使用信息化管理企业比重（%）	数量（个）	占使用信息化管理企业比重（%）	数量（个）	占使用信息化管理企业比重（%）	数量（个）	占使用信息化管理企业比重（%）	数量（个）	占使用信息化管理企业比重（%）
3	60.0	2	40.0	3	60.0	3	60.0	1	20.0
						1	33.3	1	33.3
23	46.9	10	20.4	14	28.6	24	49.0	6	12.2
4	57.1	2	28.6	2	28.6	3	42.9		
		1	33.3			1	33.3		
4	28.6			4	28.6	3	21.4	2	14.3
						1	50.0		
127	**39.6**	**17**	**5.3**	**40**	**12.5**	**157**	**48.9**	**64**	**19.9**
121	41.7	15	5.2	32	11.0	141	48.6	59	20.3
2	12.5	2	12.5	4	25.0	7	43.8	1	6.3
4	26.7			4	26.7	9	60.0	4	26.7
126	**8.3**	**26**	**1.7**	**269**	**17.8**	**444**	**29.3**	**405**	**26.7**
78	9.6	12	1.5	142	17.6	240	29.7	228	28.2
29	7.6	11	2.9	61	16.0	128	33.5	94	24.6
5	3.8	2	1.5	25	18.8	38	28.6	33	24.8
14	7.3	1	0.5	41	21.5	38	19.9	50	26.2
64	**4.2**	**282**	**18.7**	**557**	**37.0**	**395**	**26.2**	**235**	**15.6**
23	3.8	120	19.8	177	29.3	136	22.5	85	14.0
41	4.6	162	18.0	380	42.2	259	28.7	150	16.6
21	**7.3**	**56**	**19.6**	**60**	**21.0**	**102**	**35.7**	**89**	**31.1**
1	25.0					4	100.0	1	25.0
12	6.6	24	13.3	33	18.2	44	24.3	64	35.4
		3	60.0	1	20.0	3	60.0	3	60.0
		8	50.0	2	12.5	6	37.5	4	25.0
5	8.5	9	15.3	14	23.7	31	52.5	14	23.7
3	15.0	12	60.0	10	50.0	14	70.0	3	15.0
28	**4.2**	**31**	**4.7**	**223**	**33.7**	**157**	**23.8**	**166**	**25.1**
16	4.7	11	3.2	149	43.4	102	29.7	90	26.2
12	3.8	20	6.3	74	23.3	55	17.3	76	23.9

6-3 续表 2

行业	企业数(个)	使用信息化管理的企业		财务管理		购销存管理	
		数量(个)	比重(%)	数量(个)	占使用信息化管理企业比重(%)	数量(个)	占使用信息化管理企业比重(%)
信息传输、软件和信息技术服务业	**108**	**105**	**97.2**	**98**	**93.3**	**61**	**58.1**
电信、广播电视和卫星传输服务	50	50	100.0	49	98.0	41	82.0
互联网和相关服务	5	5	100.0	5	100.0	2	40.0
软件和信息技术服务业	53	50	94.3	44	88.0	18	36.0
房地产业	**1640**	**1584**	**96.6**	**1376**	**86.9**	**298**	**18.8**
房地产业	1640	1584	96.6	1376	86.9	298	18.8
租赁和商务服务业	**177**	**169**	**95.5**	**148**	**87.6**	**29**	**17.2**
租赁业	11	11	100.0	10	90.9	4	36.4
商务服务业	166	158	95.2	138	87.3	25	15.8
科学研究和技术服务业	**174**	**167**	**96.0**	**150**	**89.8**	**16**	**9.6**
研究和试验发展	6	6	100.0	5	83.3		
专业技术服务业	162	156	96.3	142	91.0	15	9.6
科技推广和应用服务业	6	5	83.3	3	60.0	1	20.0
水利、环境和公共设施管理业	**45**	**43**	**95.6**	**38**	**88.4**	**9**	**20.9**
水利管理业	12	11	91.7	11	100.0	2	18.2
生态保护和环境治理业							
公共设施管理业	33	32	97.0	27	84.4	7	21.9
土地管理业							
居民服务、修理和其他服务业	**20**	**20**	**100.0**	**17**	**85.0**	**8**	**40.0**
居民服务业	13	13	100.0	12	92.3	7	53.8
机动车、电子产品和日用产品修理业	3	3	100.0	1	33.3	1	33.3
其他服务业	4	4	100.0	4	100.0		
教育	**26**	**25**	**96.2**	**18**	**72.0**	**4**	**16.0**
教育	26	25	96.2	18	72.0	4	16.0
卫生和社会工作	**61**	**59**	**96.7**	**52**	**88.1**	**34**	**57.6**
卫生	61	59	96.7	52	88.1	34	57.6
社会工作							
文化、体育和娱乐业	**97**	**91**	**93.8**	**78**	**85.7**	**37**	**40.7**
新闻和出版业	9	9	100.0	9	100.0	5	55.6
广播、电视、电影和录音制作业	27	24	88.9	20	83.3	14	58.3
文化艺术业	35	32	91.4	27	84.4	5	15.6
体育	3	3	100.0	3	100.0	1	33.3
娱乐业	23	23	100.0	19	82.6	12	52.2

生产制造管理		物流配送管理		客户关系管理		人力资源管理		其他	
数量（个）	占使用信息化管理企业比重（%）	数量（个）	占使用信息化管理企业比重（%）	数量（个）	占使用信息化管理企业比重（%）	数量（个）	占使用信息化管理企业比重（%）	数量（个）	占使用信息化管理企业比重（%）
13	**12.4**	**18**	**17.1**	**50**	**47.6**	**74**	**70.5**	**25**	**23.8**
11	22.0	15	30.0	33	66.0	46	92.0	14	28.0
				2	40.0	2	40.0	2	40.0
2	4.0	3	6.0	15	30.0	26	52.0	9	18.0
48	**3.0**	**17**	**1.1**	**403**	**25.4**	**432**	**27.3**	**376**	**23.7**
48	3.0	17	1.1	403	25.4	432	27.3	376	23.7
1	**0.6**	**3**	**1.8**	**41**	**24.3**	**78**	**46.2**	**37**	**21.9**
				2	18.2	5	45.5		
1	0.6	3	1.9	39	24.7	73	46.2	37	23.4
22	**13.2**	**4**	**2.4**	**34**	**20.4**	**84**	**50.3**	**45**	**26.9**
1	16.7					2	33.3	4	66.7
18	11.5	3	1.9	30	19.2	78	50.0	41	26.3
3	60.0	1	20.0	4	80.0	4	80.0		
4	**9.3**	**1**	**2.3**	**7**	**16.3**	**14**	**32.6**	**18**	**41.9**
1	9.1			2	18.2	4	36.4	9	81.8
3	9.4	1	3.1	5	15.6	10	31.3	9	28.1
		1	**5.0**	**10**	**50.0**	**8**	**40.0**	**6**	**30.0**
				9	69.2	4	30.8	5	38.5
		1	33.3	1	33.3	1	33.3		
						3	75.0	1	25.0
				4	**16.0**	**10**	**40.0**	**12**	**48.0**
				4	16.0	10	40.0	12	48.0
5	**8.5**	**1**	**1.7**	**18**	**30.5**	**20**	**33.9**	**17**	**28.8**
5	8.5	1	1.7	18	30.5	20	33.9	17	28.8
4	**4.4**	**3**	**3.3**	**26**	**28.6**	**25**	**27.5**	**21**	**23.1**
		1	11.1	3	33.3	5	55.6		
1	4.2	1	4.2	7	29.2	6	25.0	5	20.8
2	6.3	1	3.1	8	25.0	8	25.0	9	28.1
				1	33.3			1	33.3
1	4.3			7	30.4	6	26.1	6	26.1

6-4 分地区企业

地区	企业数(个)	使用信息化管理的企业		财务管理		购销存管理		生产制造管理	
		数量(个)	比重(%)	数量(个)	占使用信息化管理企业比重(%)	数量(个)	占使用信息化管理企业比重(%)	数量(个)	占使用信息化管理企业比重(%)
全 省	**8183**	**7917**	**96.7**	**6825**	**86.2**	**2979**	**37.6**	**996**	**12.6**
兰 州	2681	2581	96.3	2273	88.1	945	36.6	242	9.4
嘉峪关	243	238	97.9	221	92.9	104	43.7	39	16.4
金 昌	274	266	97.1	222	83.5	109	41.0	38	14.3
白 银	448	436	97.3	378	86.7	170	39.0	63	14.4
天 水	683	659	96.5	523	79.4	272	41.3	96	14.6
武 威	518	495	95.6	422	85.3	201	40.6	89	18.0
张 掖	793	775	97.7	689	88.9	278	35.9	120	15.5
平 凉	301	291	96.7	239	82.1	103	35.4	26	8.9
酒 泉	614	598	97.4	549	91.8	240	40.1	80	13.4
庆 阳	461	449	97.4	370	82.4	151	33.6	58	12.9
定 西	507	485	95.7	415	85.6	189	39.0	65	13.4
陇 南	351	341	97.2	276	80.9	108	31.7	39	11.4
临 夏	193	190	98.4	157	82.6	72	37.9	25	13.2
甘 南	116	113	97.4	91	80.5	37	32.7	16	14.2

信息化管理情况

物流配送管理		客户关系管理		人力资源管理		其他	
数量（个）	占使用信息化管理企业比重（%）	数量（个）	占使用信息化管理企业比重（%）	数量（个）	占使用信息化管理企业比重（%）	数量（个）	占使用信息化管理企业比重（%）
662	**8.4**	**2139**	**27.0**	**2518**	**31.8**	**1749**	**22.1**
219	8.5	679	26.3	917	35.5	549	21.3
24	10.1	67	28.2	96	40.3	52	21.8
27	10.2	74	27.8	76	28.6	70	26.3
34	7.8	118	27.1	117	26.8	98	22.5
65	9.9	217	32.9	199	30.2	161	24.4
56	11.3	129	26.1	153	30.9	125	25.3
64	8.3	205	26.5	213	27.5	161	20.8
20	6.9	81	27.8	92	31.6	70	24.1
33	5.5	140	23.4	224	37.5	130	21.7
38	8.5	119	26.5	121	26.9	72	16.0
33	6.8	139	28.7	125	25.8	96	19.8
23	6.7	91	26.7	92	27.0	85	24.9
12	6.3	52	27.4	55	28.9	51	26.8
14	12.4	28	24.8	38	33.6	29	25.7

6-5 分行业企业

行业	企业数(个)	使用局域网的企业	
		数量(个)	比重(%)
总 计	**8183**	**5877**	**71.8**
采矿业	**115**	**84**	**73.0**
煤炭开采和洗选业	38	24	63.2
石油和天然气开采业	2	2	100.0
黑色金属矿采选业	14	10	71.4
有色金属矿采选业	27	23	85.2
非金属矿采选业	21	16	76.2
开采专业及辅助性活动	13	9	69.2
其他采矿业			
制造业	**1289**	**1055**	**81.8**
农副食品加工业	233	191	82.0
食品制造业	57	53	93.0
酒、饮料和精制茶制造业	48	40	83.3
烟草制品业	2	2	100.0
纺织业	9	7	77.8
纺织服装、服饰业	6	5	83.3
皮革、毛皮、羽毛及其制品和制鞋业	7	6	85.7
木材加工和木、竹、藤、棕、草制品业	2	2	100.0
家具制造业	2	2	100.0
造纸和纸制品业	14	9	64.3
印刷和记录媒介复制业	13	10	76.9
文教、工美、体育和娱乐用品制造业	5	2	40.0
石油、煤炭及其他燃料加工业	18	14	77.8
化学原料和化学制品制造业	113	94	83.2
医药制造业	96	80	83.3
化学纤维制造业	1		
橡胶和塑料制品业	72	58	80.6
非金属矿物制品业	287	227	79.1
黑色金属冶炼和压延加工业	36	27	75.0
有色金属冶炼和压延加工业	47	40	85.1
金属制品业	65	50	76.9
通用设备制造业	30	27	90.0
专用设备制造业	41	31	75.6

使用网络情况

使用互联网的企业					
		窄带接入		宽带接入	
数量(个)	比重(%)	数量(个)	占接入互联网企业比重(%)	数量(个)	占接入互联网企业比重(%)
8163	**99.8**	**497**	**6.1**	**8114**	**99.4**
115	**100.0**	**10**	**8.7**	**114**	**99.1**
38	100.0	3	7.9	38	100.0
2	100.0			2	100.0
14	100.0	3	21.4	13	92.9
27	100.0			27	100.0
21	100.0	3	14.3	21	100.0
13	100.0	1	7.7	13	100.0
1287	**99.8**	**76**	**5.9**	**1279**	**99.4**
233	100.0	15	6.4	232	99.6
57	100.0	3	5.3	57	100.0
48	100.0	1	2.1	48	100.0
2	100.0			2	100.0
9	100.0			9	100.0
5	83.3			5	100.0
7	100.0			7	100.0
2	100.0			2	100.0
2	100.0			2	100.0
14	100.0	2	14.3	13	92.9
13	100.0	2	15.4	12	92.3
5	100.0			5	100.0
18	100.0	1	5.6	18	100.0
113	100.0	8	7.1	113	100.0
96	100.0	7	7.3	96	100.0
1	100.0			1	100.0
72	100.0	3	4.2	72	100.0
287	100.0	13	4.5	285	99.3
36	100.0	2	5.6	36	100.0
46	97.9	2	4.3	46	100.0
65	100.0	6	9.2	64	98.5
30	100.0	3	10.0	29	96.7
41	100.0	4	9.8	40	97.6

6-5 续表 1

行　业	企业数(个)	使用局域网的企业	
		数量(个)	比重(%)
汽车制造业	6	5	83.3
铁路、船舶、航空航天和其他运输设备制造业	3	3	100.0
电气机械和器材制造业	50	45	90.0
计算机、通信和其他电子设备制造业	7	7	100.0
仪器仪表制造业	3	3	100.0
其他制造业			
废弃资源综合利用业	14	13	92.9
金属制品、机械和设备修理业	2	2	100.0
电力、热力、燃气及水生产和供应业	**325**	**251**	**77.2**
电力、热力生产和供应业	294	227	77.2
燃气生产和供应业	16	13	81.3
水的生产和供应业	15	11	73.3
建筑业	**1564**	**1029**	**65.8**
房屋建筑业	829	533	64.3
土木工程建筑业	399	276	69.2
建筑安装业	136	88	64.7
建筑装饰、装修和其他建筑业	200	132	66.0
批发和零售业	**1559**	**1153**	**74.0**
批发业	635	441	69.4
零售业	924	712	77.1
交通运输、仓储和邮政业	**296**	**207**	**69.9**
铁路运输业	4	4	100.0
道路运输业	188	125	66.5
水上运输业	1		
航空运输业	6	3	50.0
管道运输业			
多式联运和运输代理业	17	9	52.9
装卸搬运和仓储业	60	47	78.3
邮政业	20	19	95.0
住宿和餐饮业	**687**	**513**	**74.7**
住宿业	351	287	81.8
餐饮业	336	226	67.3

使用互联网的企业					
		窄带接入		宽带接入	
数量（个）	比重（%）	数量（个）	占接入互联网企业比重（%）	数量（个）	占接入互联网企业比重（%）
6	100.0			6	100.0
3	100.0			3	100.0
50	100.0	2	4.0	50	100.0
7	100.0	1	14.3	7	100.0
3	100.0			3	100.0
14	100.0			14	100.0
2	100.0	1	50.0	2	100.0
325	**100.0**	**16**	**4.9**	**325**	**100.0**
294	100.0	14	4.8	294	100.0
16	100.0	2	12.5	16	100.0
15	100.0			15	100.0
1561	**99.8**	**87**	**5.6**	**1555**	**99.6**
828	99.9	43	5.2	826	99.8
397	99.5	28	7.1	394	99.2
136	100.0	5	3.7	135	99.3
200	100.0	11	5.5	200	100.0
1558	**99.9**	**96**	**6.2**	**1546**	**99.2**
635	100.0	36	5.7	628	98.9
923	99.9	60	6.5	918	99.5
295	**99.7**	**10**	**3.4**	**294**	**99.7**
4	100.0			4	100.0
187	99.5	9	4.8	186	99.5
1	100.0			1	100.0
6	100.0			6	100.0
17	100.0			17	100.0
60	100.0			60	100.0
20	100.0	1	5.0	20	100.0
686	**99.9**	**54**	**7.9**	**678**	**98.8**
351	100.0	27	7.7	348	99.1
335	99.7	27	8.1	330	98.5

6-5 续表 2

行业	企业数(个)	使用局域网的企业	
		数量(个)	比重(%)
信息传输、软件和信息技术服务业	**108**	**91**	**84.3**
电信、广播电视和卫星传输服务	50	45	90.0
互联网和相关服务	5	4	80.0
软件和信息技术服务业	53	42	79.2
房地产业	**1640**	**1044**	**63.7**
房地产业	1640	1044	63.7
租赁和商务服务业	**177**	**122**	**68.9**
租赁业	11	9	81.8
商务服务业	166	113	68.1
科学研究和技术服务业	**174**	**139**	**79.9**
研究和试验发展	6	6	100.0
专业技术服务业	162	129	79.6
科技推广和应用服务业	6	4	66.7
水利、环境和公共设施管理业	**45**	**32**	**71.1**
水利管理业	12	8	66.7
生态保护和环境治理业			
公共设施管理业	33	24	72.7
土地管理业			
居民服务、修理和其他服务业	**20**	**16**	**80.0**
居民服务业	13	11	84.6
机动车、电子产品和日用产品修理业	3	2	66.7
其他服务业	4	3	75.0
教育	**26**	**17**	**65.4**
教育	26	17	65.4
卫生和社会工作	**61**	**56**	**91.8**
卫生	61	56	91.8
社会工作			
文化、体育和娱乐业	**97**	**68**	**70.1**
新闻和出版业	9	7	77.8
广播、电视、电影和录音制作业	27	20	74.1
文化艺术业	35	20	57.1
体育	3	2	66.7
娱乐业	23	19	82.6

使用互联网的企业		窄带接入		宽带接入	
数量(个)	比重(%)	数量(个)	占接入互联网企业比重(%)	数量(个)	占接入互联网企业比重(%)
108	**100.0**	**9**	**8.3**	**107**	**99.1**
50	100.0	7	14.0	50	100.0
5	100.0			5	100.0
53	100.0	2	3.8	52	98.1
1628	**99.3**	**111**	**6.8**	**1621**	**99.6**
1628	99.3	111	6.8	1621	99.6
177	**100.0**	**8**	**4.5**	**176**	**99.4**
11	100.0			11	100.0
166	100.0	8	4.8	165	99.4
174	**100.0**	**11**	**6.3**	**172**	**98.9**
6	100.0			6	100.0
162	100.0	11	6.8	161	99.4
6	100.0			5	83.3
45	**100.0**	**3**	**6.7**	**45**	**100.0**
12	100.0	1	8.3	12	100.0
33	100.0	2	6.1	33	100.0
20	**100.0**			**20**	**100.0**
13	100.0			13	100.0
3	100.0			3	100.0
4	100.0			4	100.0
26	**100.0**	**2**	**7.7**	**25**	**96.2**
26	100.0	2	7.7	25	96.2
61	**100.0**	**2**	**3.3**	**61**	**100.0**
61	100.0	2	3.3	61	100.0
97	**100.0**	**2**	**2.1**	**96**	**99.0**
9	100.0			9	100.0
27	100.0			27	100.0
35	100.0	1	2.9	35	100.0
3	100.0			3	100.0
23	100.0	1	4.3	22	95.7

6-6 分地区企业使用网络情况

地　区	企业数(个)	使用局域网的企业		使用互联网的企业		窄带接入		宽带接入	
		数量(个)	比重(%)	数量(个)	比重(%)	数量(个)	占接入互联网企业比重(%)	数量(个)	占接入互联网企业比重(%)
全　省	**8183**	**5877**	**71.8**	**8163**	**99.8**	**497**	**6.1**	**8114**	**99.4**
兰　州	2681	1927	71.9	2672	99.7	141	5.3	2650	99.2
嘉峪关	243	199	81.9	243	100.0	9	3.7	243	100.0
金　昌	274	250	91.2	274	100.0	13	4.7	272	99.3
白　银	448	320	71.4	445	99.3	21	4.7	443	99.6
天　水	683	489	71.6	680	99.6	53	7.8	678	99.7
武　威	518	361	69.7	518	100.0	46	8.9	517	99.8
张　掖	793	539	68.0	793	100.0	53	6.7	790	99.6
平　凉	301	238	79.1	300	99.7	26	8.7	294	98.0
酒　泉	614	455	74.1	610	99.3	38	6.2	605	99.2
庆　阳	461	312	67.7	461	100.0	23	5.0	461	100.0
定　西	507	338	66.7	507	100.0	15	3.0	506	99.8
陇　南	351	237	67.5	351	100.0	33	9.4	350	99.7
临　夏	193	127	65.8	193	100.0	16	8.3	192	99.5
甘　南	116	85	73.3	116	100.0	10	8.6	113	97.4

6-7　分行业企业建网站情况

行　业	企业数(个)	建立网站的企业		网站数量(个)	每百家拥有网站数(个)
		数量(个)	比重(%)		
总　计	**8183**	**3507**	**42.9**	**3986**	**49**
采矿业	**115**	**52**	**45.2**	**59**	**51**
煤炭开采和洗选业	38	18	47.4	20	53
石油和天然气开采业	2	2	100.0	2	100
黑色金属矿采选业	14	4	28.6	5	36
有色金属矿采选业	27	15	55.6	16	59
非金属矿采选业	21	10	47.6	13	62
开采专业及辅助性活动	13	3	23.1	3	23
其他采矿业					
制造业	**1289**	**816**	**63.3**	**936**	**73**
农副食品加工业	233	149	63.9	171	73
食品制造业	57	45	78.9	52	91
酒、饮料和精制茶制造业	48	33	68.8	35	73
烟草制品业	2				
纺织业	9	3	33.3	3	33
纺织服装、服饰业	6	2	33.3	2	33
皮革、毛皮、羽毛及其制品和制鞋业	7	4	57.1	4	57
木材加工和木、竹、藤、棕、草制品业	2	1	50.0	1	50
家具制造业	2	1	50.0	1	50
造纸和纸制品业	14	8	57.1	10	71
印刷和记录媒介复制业	13	9	69.2	9	69
文教、工美、体育和娱乐用品制造业	5	3	60.0	3	60
石油、煤炭及其他燃料加工业	18	8	44.4	8	44
化学原料和化学制品制造业	113	73	64.6	85	75
医药制造业	96	67	69.8	85	89
化学纤维制造业	1				
橡胶和塑料制品业	72	46	63.9	52	72
非金属矿物制品业	287	153	53.3	169	59
黑色金属冶炼和压延加工业	36	18	50.0	20	56
有色金属冶炼和压延加工业	47	33	70.2	34	72
金属制品业	65	41	63.1	48	74
通用设备制造业	30	23	76.7	25	83
专用设备制造业	41	33	80.5	44	107
汽车制造业	6	3	50.0	3	50
铁路、船舶、航空航天和其他运输设备制造业	3	3	100.0	3	100
电气机械和器材制造业	50	39	78.0	44	88
计算机、通信和其他电子设备制造业	7	7	100.0	11	157
仪器仪表制造业	3	3	100.0	5	167
其他制造业					
废弃资源综合利用业	14	7	50.0	7	50
金属制品、机械和设备修理业	2	1	50.0	2	100
电力、热力、燃气及水生产和供应业	**325**	**150**	**46.2**	**163**	**50**
电力、热力生产和供应业	294	135	45.9	147	50
燃气生产和供应业	16	6	37.5	7	44
水的生产和供应业	15	9	60.0	9	60
建筑业	**1564**	**533**	**34.1**	**590**	**38**
房屋建筑业	829	259	31.2	288	35
土木工程建筑业	399	158	39.6	173	43
建筑安装业	136	43	31.6	45	33
建筑装饰、装修和其他建筑业	200	73	36.5	84	42

6-7 续表

行　　业	企业数（个）	建立网站的企业		网站数量（个）	每百家拥有网站数（个）
		数量（个）	比重（%）		
批发和零售业	**1559**	**609**	**39.1**	**718**	**46**
批发业	635	225	35.4	255	40
零售业	924	384	41.6	463	50
交通运输、仓储和邮政业	**296**	**117**	**39.5**	**135**	**46**
铁路运输业	4	2	50.0	2	50
道路运输业	188	77	41.0	88	47
水上运输业	1	1	100.0	1	100
航空运输业	6	3	50.0	4	67
管道运输业					
多式联运和运输代理业	17	7	41.2	8	47
装卸搬运和仓储业	60	21	35.0	25	42
邮政业	20	6	30.0	7	35
住宿和餐饮业	**687**	**299**	**43.5**	**341**	**50**
住宿业	351	170	48.4	205	58
餐饮业	336	129	38.4	136	40
信息传输、软件和信息技术服务业	**108**	**68**	**63.0**	**80**	**74**
电信、广播电视和卫星传输服务	50	33	66.0	38	76
互联网和相关服务	5	2	40.0	2	40
软件和信息技术服务业	53	33	62.3	40	75
房地产业	**1640**	**540**	**32.9**	**593**	**36**
房地产业	1640	540	32.9	593	36
租赁和商务服务业	**177**	**85**	**48.0**	**97**	**55**
租赁业	11	4	36.4	4	36
商务服务业	166	81	48.8	93	56
科学研究和技术服务业	**174**	**106**	**60.9**	**113**	**65**
研究和试验发展	6	6	100.0	7	117
专业技术服务业	162	95	58.6	100	62
科技推广和应用服务业	6	5	83.3	6	100
水利、环境和公共设施管理业	**45**	**23**	**51.1**	**29**	**64**
水利管理业	12	3	25.0	3	25
生态保护和环境治理业					
公共设施管理业	33	20	60.6	26	79
土地管理业					
居民服务、修理和其他服务业	**20**	**9**	**45.0**	**10**	**50**
居民服务业	13	8	61.5	9	69
机动车、电子产品和日用产品修理业	3				
其他服务业	4	1	25.0	1	25
教育	**26**	**18**	**69.2**	**21**	**81**
教育	26	18	69.2	21	81
卫生和社会工作	**61**	**35**	**57.4**	**43**	**70**
卫生	61	35	57.4	43	70
社会工作					
文化、体育和娱乐业	**97**	**47**	**48.5**	**58**	**60**
新闻和出版业	9	7	77.8	9	100
广播、电视、电影和录音制作业	27	11	40.7	12	44
文化艺术业	35	15	42.9	17	49
体育	3				
娱乐业	23	14	60.9	20	87

6-8　分地区企业建网站情况

地　区	企业数	建立网站的企业		网站数量(个)	每百家拥有网站数(个)
		数量(个)	比重(%)		
全　省	**8183**	**3507**	**42.9**	**3986**	**49**
兰　州	2681	1232	46.0	1388	52
嘉峪关	243	68	28.0	77	32
金　昌	274	93	33.9	101	37
白　银	448	190	42.4	224	50
天　水	683	342	50.1	399	58
武　威	518	236	45.6	276	53
张　掖	793	330	41.6	368	46
平　凉	301	160	53.2	173	57
酒　泉	614	147	23.9	163	27
庆　阳	461	165	35.8	182	39
定　西	507	232	45.8	268	53
陇　南	351	161	45.9	182	52
临　夏	193	79	40.9	90	47
甘　南	116	72	62.1	95	82

6-9 分行业企业通过互联网

行业	企业数（个）	使用互联网开展活动的企业		收发电子邮件	
		数量（个）	比重（%）	数量（个）	占使用互联网企业的比重（%）
总　计	**8183**	**8163**	**99.8**	**7057**	**86.5**
采矿业	**115**	**115**	**100.0**	**110**	**95.7**
煤炭开采和洗选业	38	38	100.0	34	89.5
石油和天然气开采业	2	2	100.0	2	100.0
黑色金属矿采选业	14	14	100.0	14	100.0
有色金属矿采选业	27	27	100.0	27	100.0
非金属矿采选业	21	21	100.0	20	95.2
开采专业及辅助性活动	13	13	100.0	13	100.0
其他采矿业					
制造业	**1289**	**1287**	**99.8**	**1177**	**91.5**
农副食品加工业	233	233	100.0	212	91.0
食品制造业	57	57	100.0	51	89.5
酒、饮料和精制茶制造业	48	48	100.0	44	91.7
烟草制品业	2	2	100.0	2	100.0
纺织业	9	9	100.0	8	88.9
纺织服装、服饰业	6	5	83.3	4	80.0
皮革、毛皮、羽毛及其制品和制鞋业	7	7	100.0	7	100.0
木材加工和木、竹、藤、棕、草制品业	2	2	100.0	2	100.0
家具制造业	2	2	100.0	2	100.0
造纸和纸制品业	14	14	100.0	10	71.4
印刷和记录媒介复制业	13	13	100.0	11	84.6
文教、工美、体育和娱乐用品制造业	5	5	100.0	4	80.0
石油、煤炭及其他燃料加工业	18	18	100.0	17	94.4
化学原料和化学制品制造业	113	113	100.0	108	95.6
医药制造业	96	96	100.0	86	89.6
化学纤维制造业	1	1	100.0	1	100.0
橡胶和塑料制品业	72	72	100.0	63	87.5
非金属矿物制品业	287	287	100.0	253	88.2
黑色金属冶炼和压延加工业	36	36	100.0	34	94.4
有色金属冶炼和压延加工业	47	46	97.9	45	97.8
金属制品业	65	65	100.0	61	93.8
通用设备制造业	30	30	100.0	30	100.0
专用设备制造业	41	41	100.0	40	97.6

开展活动情况

了解商品和服务的信息		从政府机构获取信息		与政府机构互动		使用网上银行	
数量（个）	占使用互联网企业的比重（%）	数量（个）	占使用互联网企业的比重（%）	数量（个）	占使用互联网企业的比重（%）	数量（个）	占使用互联网企业的比重（%）
4060	**49.7**	**3914**	**47.9**	**1844**	**22.6**	**6336**	**77.6**
63	**54.8**	**66**	**57.4**	**27**	**23.5**	**86**	**74.8**
18	47.4	20	52.6	9	23.7	30	78.9
2	100.0					1	50.0
7	50.0	8	57.1	6	42.9	12	85.7
18	66.7	17	63.0	8	29.6	18	66.7
13	61.9	11	52.4	3	14.3	15	71.4
5	38.5	10	76.9	1	7.7	10	76.9
826	**64.2**	**786**	**61.1**	**482**	**37.5**	**1117**	**86.8**
163	70.0	141	60.5	91	39.1	210	90.1
42	73.7	34	59.6	19	33.3	51	89.5
34	70.8	30	62.5	11	22.9	42	87.5
1	50.0	2	100.0	1	50.0	1	50.0
6	66.7	5	55.6	1	11.1	7	77.8
4	80.0	2	40.0	1	20.0	4	80.0
6	85.7	5	71.4	4	57.1	6	85.7
		1	50.0			1	50.0
2	100.0	2	100.0	1	50.0	2	100.0
7	50.0	8	57.1	3	21.4	11	78.6
7	53.8	6	46.2	3	23.1	12	92.3
3	60.0	2	40.0	1	20.0	3	60.0
12	66.7	12	66.7	8	44.4	15	83.3
70	61.9	72	63.7	44	38.9	95	84.1
70	72.9	69	71.9	49	51.0	86	89.6
1	100.0	1	100.0	1	100.0	1	100.0
43	59.7	45	62.5	29	40.3	61	84.7
150	52.3	154	53.7	95	33.1	244	85.0
22	61.1	26	72.2	16	44.4	29	80.6
35	76.1	31	67.4	17	37.0	39	84.8
37	56.9	38	58.5	21	32.3	55	84.6
24	80.0	19	63.3	16	53.3	28	93.3
30	73.2	28	68.3	19	46.3	37	90.2

6-9 续表 1

行　业	企业数(个)	使用互联网开展活动的企业			
				收发电子邮件	
		数量(个)	比重(%)	数量(个)	占使用互联网企业的比重(%)
汽车制造业	6	6	100.0	6	100.0
铁路、船舶、航空航天和其他运输设备制造业	3	3	100.0	2	66.7
电气机械和器材制造业	50	50	100.0	49	98.0
计算机、通信和其他电子设备制造业	7	7	100.0	7	100.0
仪器仪表制造业	3	3	100.0	3	100.0
其他制造业					
废弃资源综合利用业	14	14	100.0	13	92.9
金属制品、机械和设备修理业	2	2	100.0	2	100.0
电力、热力、燃气及水生产和供应业	**325**	**325**	**100.0**	**301**	**92.6**
电力、热力生产和供应业	294	294	100.0	272	92.5
燃气生产和供应业	16	16	100.0	14	87.5
水的生产和供应业	15	15	100.0	15	100.0
建筑业	**1564**	**1561**	**99.8**	**1411**	**90.4**
房屋建筑业	829	828	99.9	744	89.9
土木工程建筑业	399	397	99.5	362	91.2
建筑安装业	136	136	100.0	126	92.6
建筑装饰、装修和其他建筑业	200	200	100.0	179	89.5
批发和零售业	**1559**	**1558**	**99.9**	**1348**	**86.5**
批发业	635	635	100.0	558	87.9
零售业	924	923	99.9	790	85.6
交通运输、仓储和邮政业	**296**	**295**	**99.7**	**243**	**82.4**
铁路运输业	4	4	100.0	4	100.0
道路运输业	188	187	99.5	143	76.5
水上运输业	1	1	100.0	1	100.0
航空运输业	6	6	100.0	6	100.0
管道运输业					
多式联运和运输代理业	17	17	100.0	13	76.5
装卸搬运和仓储业	60	60	100.0	59	98.3
邮政业	20	20	100.0	17	85.0
住宿和餐饮业	**687**	**686**	**99.9**	**471**	**68.7**
住宿业	351	351	100.0	270	76.9
餐饮业	336	335	99.7	201	60.0

了解商品和服务的信息		从政府机构获取信息		与政府机构互动		使用网上银行	
数量（个）	占使用互联网企业的比重（%）	数量（个）	占使用互联网企业的比重（%）	数量（个）	占使用互联网企业的比重（%）	数量（个）	占使用互联网企业的比重（%）
5	83.3	5	83.3	3	50.0	6	100.0
2	66.7	1	33.3	1	33.3	3	100.0
37	74.0	32	64.0	18	36.0	47	94.0
5	71.4	6	85.7	4	57.1	7	100.0
1	33.3	2	66.7			3	100.0
6	42.9	6	42.9	4	28.6	10	71.4
1	50.0	1	50.0	1	50.0	1	50.0
114	**35.1**	**171**	**52.6**	**96**	**29.5**	**210**	**64.6**
108	36.7	150	51.0	86	29.3	190	64.6
4	25.0	9	56.3	7	43.8	10	62.5
2	13.3	12	80.0	3	20.0	10	66.7
662	**42.4**	**868**	**55.6**	**359**	**23.0**	**1247**	**79.9**
346	41.8	488	58.9	205	24.8	667	80.6
160	40.3	216	54.4	89	22.4	316	79.6
64	47.1	63	46.3	30	22.1	100	73.5
92	46.0	101	50.5	35	17.5	164	82.0
978	**62.8**	**599**	**38.4**	**258**	**16.6**	**1276**	**81.9**
370	58.3	263	41.4	106	16.7	538	84.7
608	65.9	336	36.4	152	16.5	738	80.0
127	**43.1**	**124**	**42.0**	**60**	**20.3**	**220**	**74.6**
2	50.0	2	50.0	1	25.0		
67	35.8	69	36.9	35	18.7	137	73.3
		1	100.0			1	100.0
3	50.0	4	66.7	2	33.3	6	100.0
9	52.9	6	35.3	3	17.6	15	88.2
35	58.3	33	55.0	16	26.7	43	71.7
11	55.0	9	45.0	3	15.0	18	90.0
312	**45.5**	**187**	**27.3**	**83**	**12.1**	**451**	**65.7**
174	49.6	110	31.3	49	14.0	254	72.4
138	41.2	77	23.0	34	10.1	197	58.8

6-9 续表 2

行业	企业数(个)	使用互联网开展活动的企业		收发电子邮件	
		数量(个)	比重(%)	数量(个)	占使用互联网企业的比重(%)
信息传输、软件和信息技术服务业	**108**	**108**	**100.0**	**96**	**88.9**
电信、广播电视和卫星传输服务	50	50	100.0	49	98.0
互联网和相关服务	5	5	100.0	5	100.0
软件和信息技术服务业	53	53	100.0	42	79.2
房地产业	**1640**	**1628**	**99.3**	**1368**	**84.0**
房地产业	1640	1628	99.3	1368	84.0
租赁和商务服务业	**177**	**177**	**100.0**	**155**	**87.6**
租赁业	11	11	100.0	10	90.9
商务服务业	166	166	100.0	145	87.3
科学研究和技术服务业	**174**	**174**	**100.0**	**162**	**93.1**
研究和试验发展	6	6	100.0	6	100.0
专业技术服务业	162	162	100.0	151	93.2
科技推广和应用服务业	6	6	100.0	5	83.3
水利、环境和公共设施管理业	**45**	**45**	**100.0**	**39**	**86.7**
水利管理业	12	12	100.0	10	83.3
生态保护和环境治理业					
公共设施管理业	33	33	100.0	29	87.9
土地管理业					
居民服务、修理和其他服务业	**20**	**20**	**100.0**	**17**	**85.0**
居民服务业	13	13	100.0	12	92.3
机动车、电子产品和日用产品修理业	3	3	100.0	3	100.0
其他服务业	4	4	100.0	2	50.0
教育	**26**	**26**	**100.0**	**22**	**84.6**
教育	26	26	100.0	22	84.6
卫生和社会工作	**61**	**61**	**100.0**	**55**	**90.2**
卫生	61	61	100.0	55	90.2
社会工作					
文化、体育和娱乐业	**97**	**97**	**100.0**	**82**	**84.5**
新闻和出版业	9	9	100.0	9	100.0
广播、电视、电影和录音制作业	27	27	100.0	20	74.1
文化艺术业	35	35	100.0	30	85.7
体育	3	3	100.0	3	100.0
娱乐业	23	23	100.0	20	87.0

了解商品和服务的信息		从政府机构获取信息		与政府机构互动		使用网上银行	
数量（个）	占使用互联网企业的比重（%）	数量（个）	占使用互联网企业的比重（%）	数量（个）	占使用互联网企业的比重（%）	数量（个）	占使用互联网企业的比重（%）
76	**70.4**	**59**	**54.6**	**37**	**34.3**	**88**	**81.5**
33	66.0	27	54.0	17	34.0	44	88.0
5	100.0	4	80.0	3	60.0	4	80.0
38	71.7	28	52.8	17	32.1	40	75.5
624	**38.3**	**749**	**46.0**	**319**	**19.6**	**1173**	**72.1**
624	38.3	749	46.0	319	19.6	1173	72.1
87	**49.2**	**74**	**41.8**	**36**	**20.3**	**138**	**78.0**
9	81.8	2	18.2			9	81.8
78	47.0	72	43.4	36	21.7	129	77.7
81	**46.6**	**105**	**60.3**	**27**	**15.5**	**137**	**78.7**
4	66.7	5	83.3	2	33.3	5	83.3
75	46.3	96	59.3	23	14.2	129	79.6
2	33.3	4	66.7	2	33.3	3	50.0
20	**44.4**	**27**	**60.0**	**14**	**31.1**	**28**	**62.2**
3	25.0	9	75.0	2	16.7	4	33.3
17	51.5	18	54.5	12	36.4	24	72.7
11	**55.0**	**11**	**55.0**	**7**	**35.0**	**17**	**85.0**
8	61.5	9	69.2	5	38.5	11	84.6
2	66.7	2	66.7	1	33.3	3	100.0
1	25.0			1	25.0	3	75.0
8	**30.8**	**10**	**38.5**	**3**	**11.5**	**17**	**65.4**
8	30.8	10	38.5	3	11.5	17	65.4
21	**34.4**	**29**	**47.5**	**17**	**27.9**	**52**	**85.2**
21	34.4	29	47.5	17	27.9	52	85.2
50	**51.5**	**49**	**50.5**	**19**	**19.6**	**79**	**81.4**
8	88.9	5	55.6	3	33.3	9	100.0
12	44.4	11	40.7	3	11.1	21	77.8
15	42.9	17	48.6	5	14.3	27	77.1
2	66.7	2	66.7	1	33.3	1	33.3
13	56.5	14	60.9	7	30.4	21	91.3

6-9 续表 3

行业	使用其他金融服务		提供客户服务		拨打互联网电话或召开视频会议	
	数量(个)	占使用互联网企业的比重(%)	数量(个)	占使用互联网企业的比重(%)	数量(个)	占使用互联网企业的比重(%)
总　计	**508**	**6.2**	**2493**	**30.5**	**1287**	**15.8**
采矿业	**10**	**8.7**	**22**	**19.1**	**21**	**18.3**
煤炭开采和洗选业	5	13.2	6	15.8	4	10.5
石油和天然气开采业			1	50.0	2	100.0
黑色金属矿采选业	1	7.1	4	28.6	2	14.3
有色金属矿采选业	1	3.7	4	14.8	6	22.2
非金属矿采选业	2	9.5	6	28.6	4	19.0
开采专业及辅助性活动	1	7.7	1	7.7	3	23.1
其他采矿业						
制造业	**129**	**10.0**	**514**	**39.9**	**317**	**24.6**
农副食品加工业	20	8.6	96	41.2	51	21.9
食品制造业	3	5.3	23	40.4	14	24.6
酒、饮料和精制茶制造业	6	12.5	23	47.9	13	27.1
烟草制品业						
纺织业	1	11.1	3	33.3	3	33.3
纺织服装、服饰业			3	60.0	2	40.0
皮革、毛皮、羽毛及其制品和制鞋业	1	14.3	4	57.1	1	14.3
木材加工和木、竹、藤、棕、草制品业			1	50.0		
家具制造业	1	50.0	1	50.0		
造纸和纸制品业	2	14.3	6	42.9		
印刷和记录媒介复制业	3	23.1	5	38.5		
文教、工美、体育和娱乐用品制造业						
石油、煤炭及其他燃料加工业	3	16.7	8	44.4	12	66.7
化学原料和化学制品制造业	12	10.6	41	36.3	30	26.5
医药制造业	15	15.6	50	52.1	36	37.5
化学纤维制造业			1	100.0	1	100.0
橡胶和塑料制品业	5	6.9	23	31.9	13	18.1
非金属矿物制品业	19	6.6	90	31.4	55	19.2
黑色金属冶炼和压延加工业	7	19.4	15	41.7	4	11.1
有色金属冶炼和压延加工业	8	17.4	20	43.5	18	39.1
金属制品业	4	6.2	30	46.2	13	20.0
通用设备制造业	2	6.7	16	53.3	11	36.7
专用设备制造业	4	9.8	15	36.6	12	29.3

在线提供产品		发布信息或即时消息		员工培训		对外或者对内招聘	
数量（个）	占使用互联网企业的比重（%）	数量（个）	占使用互联网企业的比重（%）	数量（个）	占使用互联网企业的比重（%）	数量（个）	占使用互联网企业的比重（%）
941	**11.5**	**2688**	**32.9**	**2992**	**36.7**	**2885**	**35.3**
9	**7.8**	**29**	**25.2**	**44**	**38.3**	**23**	**20.0**
1	2.6	7	18.4	15	39.5	6	15.8
		4	28.6	5	35.7	2	14.3
1	3.7	9	33.3	14	51.9	10	37.0
4	19.0	7	33.3	6	28.6	5	23.8
3	23.1	2	15.4	4	30.8		
240	**18.6**	**550**	**42.7**	**526**	**40.9**	**590**	**45.8**
60	25.8	94	40.3	105	45.1	104	44.6
18	31.6	27	47.4	35	61.4	30	52.6
11	22.9	19	39.6	19	39.6	20	41.7
		1	50.0	2	100.0	1	50.0
3	33.3	4	44.4	4	44.4	2	22.2
1	20.0	2	40.0	3	60.0	1	20.0
1	14.3	3	42.9	4	57.1	3	42.9
1	50.0	1	50.0	1	50.0		
3	21.4	4	28.6	5	35.7	6	42.9
1	7.7	2	15.4	2	15.4	5	38.5
5	27.8	10	55.6	9	50.0	9	50.0
26	23.0	53	46.9	52	46.0	46	40.7
24	25.0	58	60.4	47	49.0	64	66.7
1	100.0	1	100.0	1	100.0	1	100.0
8	11.1	28	38.9	19	26.4	32	44.4
31	10.8	93	32.4	106	36.9	108	37.6
3	8.3	13	36.1	16	44.4	14	38.9
6	13.0	28	60.9	17	37.0	25	54.3
7	10.8	27	41.5	19	29.2	33	50.8
6	20.0	17	56.7	13	43.3	17	56.7
9	22.0	21	51.2	15	36.6	23	56.1

6-9 续表 4

行业	使用其他金融服务		提供客户服务		拨打互联网电话或召开视频会议	
	数量(个)	占使用互联网企业的比重(%)	数量(个)	占使用互联网企业的比重(%)	数量(个)	占使用互联网企业的比重(%)
汽车制造业			4	66.7	4	66.7
铁路、船舶、航空航天和其他运输设备制造业			1	33.3	1	33.3
电气机械和器材制造业	9	18.0	25	50.0	15	30.0
计算机、通信和其他电子设备制造业	2	28.6	5	71.4	3	42.9
仪器仪表制造业	1	33.3			1	33.3
其他制造业						
废弃资源综合利用业			4	28.6	3	21.4
金属制品、机械和设备修理业	1	50.0	1	50.0	1	50.0
电力、热力、燃气及水生产和供应业	**20**	**6.2**	**63**	**19.4**	**131**	**40.3**
电力、热力生产和供应业	18	6.1	53	18.0	124	42.2
燃气生产和供应业	2	12.5	7	43.8	6	37.5
水的生产和供应业			3	20.0	1	6.7
建筑业	**87**	**5.6**	**290**	**18.6**	**135**	**8.6**
房屋建筑业	43	5.2	153	18.5	58	7.0
土木工程建筑业	24	6.0	67	16.9	54	13.6
建筑安装业	11	8.1	30	22.1	13	9.6
建筑装饰、装修和其他建筑业	9	4.5	40	20.0	10	5.0
批发和零售业	**106**	**6.8**	**612**	**39.3**	**281**	**18.0**
批发业	41	6.5	224	35.3	95	15.0
零售业	65	7.0	388	42.0	186	20.2
交通运输、仓储和邮政业	**22**	**7.5**	**97**	**32.9**	**48**	**16.3**
铁路运输业						
道路运输业	9	4.8	53	28.3	12	6.4
水上运输业						
航空运输业			3	50.0	4	66.7
管道运输业						
多式联运和运输代理业	1	5.9	6	35.3	8	47.1
装卸搬运和仓储业	4	6.7	20	33.3	12	20.0
邮政业	8	40.0	15	75.0	12	60.0
住宿和餐饮业	**23**	**3.4**	**270**	**39.4**	**49**	**7.1**
住宿业	14	4.0	178	50.7	33	9.4
餐饮业	9	2.7	92	27.5	16	4.8

在线提供产品		发布信息或即时消息		员工培训		对外或者对内招聘	
数量（个）	占使用互联网企业的比重（%）	数量（个）	占使用互联网企业的比重（%）	数量（个）	占使用互联网企业的比重（%）	数量（个）	占使用互联网企业的比重（%）
1	16.7	5	83.3	5	83.3	5	83.3
1	33.3	2	66.7	3	100.0	3	100.0
8	16.0	26	52.0	13	26.0	27	54.0
2	28.6	2	28.6	2	28.6	5	71.4
		1	33.3	1	33.3	1	33.3
2	14.3	7	50.0	7	50.0	4	28.6
1	50.0	1	50.0	1	50.0	1	50.0
12	**3.7**	**127**	**39.1**	**164**	**50.5**	**104**	**32.0**
10	3.4	113	38.4	149	50.7	94	32.0
2	12.5	9	56.3	9	56.3	5	31.3
		5	33.3	6	40.0	5	33.3
52	**3.3**	**464**	**29.7**	**534**	**34.2**	**486**	**31.1**
25	3.0	238	28.7	303	36.6	243	29.3
18	4.5	140	35.3	156	39.3	134	33.8
6	4.4	34	25.0	33	24.3	43	31.6
3	1.5	52	26.0	42	21.0	66	33.0
275	**17.7**	**499**	**32.0**	**613**	**39.3**	**556**	**35.7**
80	12.6	192	30.2	201	31.7	212	33.4
195	21.1	307	33.3	412	44.6	344	37.3
27	**9.2**	**115**	**39.0**	**114**	**38.6**	**70**	**23.7**
7	3.7	64	34.2	64	34.2	38	20.3
		1	100.0				
		5	83.3	2	33.3	3	50.0
1	5.9	8	47.1	5	29.4	7	41.2
7	11.7	22	36.7	27	45.0	13	21.7
12	60.0	15	75.0	16	80.0	9	45.0
131	**19.1**	**160**	**23.3**	**233**	**34.0**	**227**	**33.1**
88	25.1	100	28.5	141	40.2	126	35.9
43	12.8	60	17.9	92	27.5	101	30.1

6-9 续表 5

行业	使用其他金融服务		提供客户服务		拨打互联网电话或召开视频会议	
	数量（个）	占使用互联网企业的比重（%）	数量（个）	占使用互联网企业的比重（%）	数量（个）	占使用互联网企业的比重（%）
信息传输、软件和信息技术服务业	**11**	**10.2**	**69**	**63.9**	**62**	**57.4**
电信、广播电视和卫星传输服务	7	14.0	39	78.0	39	78.0
互联网和相关服务			3	60.0	3	60.0
软件和信息技术服务业	4	7.5	27	50.9	20	37.7
房地产业	**73**	**4.5**	**347**	**21.3**	**141**	**8.7**
房地产业	73	4.5	347	21.3	141	8.7
租赁和商务服务业	**10**	**5.6**	**64**	**36.2**	**26**	**14.7**
租赁业			4	36.4	1	9.1
商务服务业	10	6.0	60	36.1	25	15.1
科学研究和技术服务业	**6**	**3.4**	**58**	**33.3**	**28**	**16.1**
研究和试验发展			3	50.0		
专业技术服务业	5	3.1	54	33.3	28	17.3
科技推广和应用服务业	1	16.7	1	16.7		
水利、环境和公共设施管理业	**4**	**8.9**	**12**	**26.7**	**9**	**20.0**
水利管理业			2	16.7	1	8.3
生态保护和环境治理业						
公共设施管理业	4	12.1	10	30.3	8	24.2
土地管理业						
居民服务、修理和其他服务业			**8**	**40.0**	**4**	**20.0**
居民服务业			7	53.8	2	15.4
机动车、电子产品和日用产品修理业			1	33.3		
其他服务业					2	50.0
教育	**2**	**7.7**	**10**	**38.5**	**7**	**26.9**
教育	2	7.7	10	38.5	7	26.9
卫生和社会工作	**2**	**3.3**	**25**	**41.0**	**12**	**19.7**
卫生	2	3.3	25	41.0	12	19.7
社会工作						
文化、体育和娱乐业	**3**	**3.1**	**32**	**33.0**	**16**	**16.5**
新闻和出版业			4	44.4	2	22.2
广播、电视、电影和录音制作业	1	3.7	12	44.4	5	18.5
文化艺术业			9	25.7	3	8.6
体育	1	33.3	1	33.3	1	33.3
娱乐业	1	4.3	6	26.1	5	21.7

在线提供产品		发布信息或即时消息		员工培训		对外或者对内招聘	
数量(个)	占使用互联网企业的比重(%)	数量(个)	占使用互联网企业的比重(%)	数量(个)	占使用互联网企业的比重(%)	数量(个)	占使用互联网企业的比重(%)
39	**36.1**	**65**	**60.2**	**76**	**70.4**	**64**	**59.3**
25	50.0	32	64.0	42	84.0	26	52.0
		2	40.0	2	40.0	3	60.0
14	26.4	31	58.5	32	60.4	35	66.0
74	**4.5**	**422**	**25.9**	**446**	**27.4**	**498**	**30.6**
74	4.5	422	25.9	446	27.4	498	30.6
23	**13.0**	**70**	**39.5**	**54**	**30.5**	**80**	**45.2**
1	9.1	6	54.5	2	18.2	5	45.5
22	13.3	64	38.6	52	31.3	75	45.2
16	**9.2**	**82**	**47.1**	**82**	**47.1**	**74**	**42.5**
2	33.3	2	33.3	2	33.3	3	50.0
13	8.0	78	48.1	77	47.5	67	41.4
1	16.7	2	33.3	3	50.0	4	66.7
7	**15.6**	**25**	**55.6**	**21**	**46.7**	**17**	**37.8**
		5	41.7	4	33.3		
7	21.2	20	60.6	17	51.5	17	51.5
4	**20.0**	**8**	**40.0**	**9**	**45.0**	**9**	**45.0**
3	23.1	5	38.5	6	46.2	6	46.2
1	33.3			1	33.3	1	33.3
		3	75.0	2	50.0	2	50.0
2	**7.7**	**8**	**30.8**	**14**	**53.8**	**12**	**46.2**
2	7.7	8	30.8	14	53.8	12	46.2
3	**4.9**	**25**	**41.0**	**32**	**52.5**	**30**	**49.2**
3	4.9	25	41.0	32	52.5	30	49.2
27	**27.8**	**39**	**40.2**	**30**	**30.9**	**45**	**46.4**
3	33.3	6	66.7	5	55.6	4	44.4
9	33.3	12	44.4	7	25.9	13	48.1
8	22.9	14	40.0	8	22.9	14	40.0
1	33.3	1	33.3	2	66.7	1	33.3
6	26.1	6	26.1	8	34.8	13	56.5

6-10 分地区企业通过互联网

地　区	企业数(个)	使用互联网开展活动的企业			
		数量(个)	比重(%)	收发电子邮件	
				数量(个)	占使用互联网企业的比重(%)
全　省	**8183**	**8163**	**99.8**	**7057**	**86.5**
兰　州	2681	2672	99.7	2370	88.7
嘉峪关	243	243	100.0	222	91.4
金　昌	274	274	100.0	233	85.0
白　银	448	445	99.3	385	86.5
天　水	683	680	99.6	589	86.6
武　威	518	518	100.0	459	88.6
张　掖	793	793	100.0	685	86.4
平　凉	301	300	99.7	228	76.0
酒　泉	614	610	99.3	545	89.3
庆　阳	461	461	100.0	363	78.7
定　西	507	507	100.0	424	83.6
陇　南	351	351	100.0	295	84.0
临　夏	193	193	100.0	166	86.0
甘　南	116	116	100.0	93	80.2

6-10 续表

地　区	使用其他金融服务		提供客户服务		拨打互联网电话或召开视频会议	
	数量(个)	占使用互联网企业的比重(%)	数量(个)	占使用互联网企业的比重(%)	数量(个)	占使用互联网企业的比重(%)
全　省	**508**	**6.2**	**2493**	**30.5**	**1287**	**15.8**
兰　州	188	7.0	837	31.3	523	19.6
嘉峪关	19	7.8	86	35.4	48	19.8
金　昌	15	5.5	80	29.2	46	16.8
白　银	34	7.6	141	31.7	76	17.1
天　水	32	4.7	210	30.9	69	10.1
武　威	39	7.5	169	32.6	91	17.6
张　掖	52	6.6	247	31.1	83	10.5
平　凉	12	4.0	66	22.0	35	11.7
酒　泉	37	6.1	198	32.5	112	18.4
庆　阳	22	4.8	119	25.8	56	12.1
定　西	27	5.3	149	29.4	62	12.2
陇　南	16	4.6	98	27.9	46	13.1
临　夏	9	4.7	55	28.5	23	11.9
甘　南	6	5.2	38	32.8	17	14.7

开展活动情况

了解商品和服务的信息		从政府机构获取信息		与政府机构互动		使用网上银行	
数量(个)	占使用互联网企业的比重(%)	数量(个)	占使用互联网企业的比重(%)	数量(个)	占使用互联网企业的比重(%)	数量(个)	占使用互联网企业的比重(%)
4060	**49.7**	**3914**	**47.9**	**1844**	**22.6**	**6336**	**77.6**
1319	49.4	1252	46.9	567	21.2	2090	78.2
140	57.6	131	53.9	59	24.3	209	86.0
129	47.1	141	51.5	65	23.7	203	74.1
208	46.7	212	47.6	94	21.1	338	76.0
345	50.7	289	42.5	116	17.1	489	71.9
276	53.3	271	52.3	134	25.9	416	80.3
408	51.5	449	56.6	217	27.4	646	81.5
131	43.7	137	45.7	58	19.3	237	79.0
349	57.2	275	45.1	152	24.9	496	81.3
199	43.2	242	52.5	120	26.0	316	68.5
267	52.7	233	46.0	126	24.9	401	79.1
151	43.0	152	43.3	63	17.9	262	74.6
93	48.2	86	44.6	48	24.9	156	80.8
45	38.8	44	37.9	25	21.6	77	66.4

在线提供产品		发布信息或即时消息		员工培训		对外或者对内招聘	
数量(个)	占使用互联网企业的比重(%)	数量(个)	占使用互联网企业的比重(%)	数量(个)	占使用互联网企业的比重(%)	数量(个)	占使用互联网企业的比重(%)
941	**11.5**	**2688**	**32.9**	**2992**	**36.7**	**2885**	**35.3**
305	11.4	966	36.2	925	34.6	1141	42.7
39	16.0	99	40.7	96	39.5	90	37.0
23	8.4	84	30.7	101	36.9	83	30.3
56	12.6	140	31.5	173	38.9	130	29.2
78	11.5	158	23.2	226	33.2	200	29.4
64	12.4	191	36.9	214	41.3	217	41.9
91	11.5	270	34.0	295	37.2	269	33.9
31	10.3	95	31.7	100	33.3	101	33.7
71	11.6	203	33.3	279	45.7	185	30.3
41	8.9	118	25.6	153	33.2	126	27.3
64	12.6	151	29.8	192	37.9	162	32.0
43	12.3	120	34.2	130	37.0	112	31.9
20	10.4	65	33.7	63	32.6	45	23.3
15	12.9	28	24.1	45	38.8	24	20.7

6-11 分行业企业互联网

行业	企业数(个)	使用互联网的企业		通过互联网进行宣传推广的企业		自有网站	
		数量(个)	比重(%)	数量(个)	占使用互联网企业的比重(%)	数量(个)	占使用互联网企业的比重(%)
总　计	**8183**	**8163**	**99.8**	**6887**	**84.4**	**1588**	**19.5**
采矿业	**115**	**115**	**100.0**	**91**	**79.1**	**18**	**15.7**
煤炭开采和洗选业	38	38	100.0	26	68.4	4	10.5
石油和天然气开采业	2	2	100.0	2	100.0	1	50.0
黑色金属矿采选业	14	14	100.0	13	92.9		
有色金属矿采选业	27	27	100.0	23	85.2	5	18.5
非金属矿采选业	21	21	100.0	17	81.0	7	33.3
开采专业及辅助性活动	13	13	100.0	10	76.9	1	7.7
其他采矿业							
制造业	**1289**	**1287**	**99.8**	**1160**	**90.1**	**464**	**36.1**
农副食品加工业	233	233	100.0	212	91.0	83	35.6
食品制造业	57	57	100.0	55	96.5	26	45.6
酒、饮料和精制茶制造业	48	48	100.0	46	95.8	17	35.4
烟草制品业	2	2	100.0				
纺织业	9	9	100.0	7	77.8	2	22.2
纺织服装、服饰业	6	5	83.3	4	80.0	1	20.0
皮革、毛皮、羽毛及其制品和制鞋业	7	7	100.0	7	100.0	3	42.9
木材加工和木、竹、藤、棕、草制品业	2	2	100.0	2	100.0		
家具制造业	2	2	100.0	2	100.0	1	50.0
造纸和纸制品业	14	14	100.0	13	92.9	4	28.6
印刷和记录媒介复制业	13	13	100.0	12	92.3	5	38.5
文教、工美、体育和娱乐用品制造业	5	5	100.0	5	100.0	1	20.0
石油、煤炭及其他燃料加工业	18	18	100.0	15	83.3	6	33.3
化学原料和化学制品制造业	113	113	100.0	104	92.0	45	39.8
医药制造业	96	96	100.0	88	91.7	41	42.7
化学纤维制造业	1	1	100.0	1	100.0		
橡胶和塑料制品业	72	72	100.0	64	88.9	28	38.9
非金属矿物制品业	287	287	100.0	246	85.7	63	22.0
黑色金属冶炼和压延加工业	36	36	100.0	35	97.2	7	19.4
有色金属冶炼和压延加工业	47	46	97.9	41	89.1	21	45.7
金属制品业	65	65	100.0	59	90.8	22	33.8
通用设备制造业	30	30	100.0	30	100.0	17	56.7
专用设备制造业	41	41	100.0	36	87.8	23	56.1

宣传和推广情况

互联网广告		搜索引擎		电子商务平台		电子邮件		社交网站和即时通讯社交工具	
数量（个）	占使用互联网企业的比重（%）	数量（个）	占使用互联网企业的比重（%）	数量（个）	占使用互联网企业的比重（%）	数量（个）	占使用互联网企业的比重（%）	数量（个）	占使用互联网企业的比重（%）
2444	**29.9**	**806**	**9.9**	**896**	**11.0**	**2542**	**31.1**	**1962**	**24.0**
25	**21.7**	**9**	**7.8**	**6**	**5.2**	**43**	**37.4**	**24**	**20.9**
8	21.1	3	7.9	2	5.3	11	28.9	5	13.2
1	50.0					1	50.0		
3	21.4	3	21.4			8	57.1	4	28.6
5	18.5	1	3.7	1	3.7	7	25.9	6	22.2
6	28.6	1	4.8	3	14.3	9	42.9	7	33.3
2	15.4	1	7.7			7	53.8	2	15.4
366	**28.4**	**163**	**12.7**	**200**	**15.5**	**488**	**37.9**	**349**	**27.1**
80	34.3	23	9.9	46	19.7	89	38.2	63	27.0
22	38.6	13	22.8	21	36.8	20	35.1	15	26.3
19	39.6	7	14.6	11	22.9	16	33.3	13	27.1
		2	22.2	1	11.1	2	22.2	1	11.1
1	20.0					2	40.0	1	20.0
2	28.6	1	14.3	2	28.6	4	57.1	2	28.6
1	50.0					1	50.0		
1	50.0			1	50.0	2	100.0		
3	21.4	1	7.1	1	7.1	3	21.4	5	35.7
1	7.7	2	15.4	1	7.7	3	23.1	5	38.5
2	40.0			2	40.0			1	20.0
3	16.7			3	16.7	5	27.8	5	27.8
26	23.0	16	14.2	19	16.8	49	43.4	33	29.2
29	30.2	18	18.8	16	16.7	38	39.6	39	40.6
				1	100.0	1	100.0	1	100.0
21	29.2	7	9.7	5	6.9	28	38.9	16	22.2
69	24.0	28	9.8	24	8.4	89	31.0	70	24.4
5	13.9	1	2.8	6	16.7	20	55.6	7	19.4
16	34.8	8	17.4	6	13.0	21	45.7	10	21.7
16	24.6	9	13.8	7	10.8	28	43.1	16	24.6
11	36.7	6	20.0	7	23.3	16	53.3	8	26.7
13	31.7	8	19.5	12	29.3	17	41.5	14	34.1

6-11 续表 1

行业	企业数(个)	使用互联网的企业		通过互联网进行宣传推广的企业		自有网站	
		数量(个)	比重(%)	数量(个)	占使用互联网企业的比重(%)	数量(个)	占使用互联网企业的比重(%)
汽车制造业	6	6	100.0	6	100.0	2	33.3
铁路、船舶、航空航天和其他运输设备制造业	3	3	100.0	3	100.0	1	33.3
电气机械和器材制造业	50	50	100.0	46	92.0	29	58.0
计算机、通信和其他电子设备制造业	7	7	100.0	7	100.0	6	85.7
仪器仪表制造业	3	3	100.0	3	100.0	3	100.0
其他制造业							
废弃资源综合利用业	14	14	100.0	10	71.4	6	42.9
金属制品、机械和设备修理业	2	2	100.0	1	50.0	1	50.0
电力、热力、燃气及水生产和供应业	**325**	**325**	**100.0**	**264**	**81.2**	**97**	**29.8**
电力、热力生产和供应业	294	294	100.0	238	81.0	87	29.6
燃气生产和供应业	16	16	100.0	12	75.0	3	18.8
水的生产和供应业	15	15	100.0	14	93.3	7	46.7
建筑业	**1564**	**1561**	**99.8**	**1306**	**83.7**	**208**	**13.3**
房屋建筑业	829	828	99.9	702	84.8	76	9.2
土木工程建筑业	399	397	99.5	326	82.1	80	20.2
建筑安装业	136	136	100.0	112	82.4	23	16.9
建筑装饰、装修和其他建筑业	200	200	100.0	166	83.0	29	14.5
批发和零售业	**1559**	**1558**	**99.9**	**1284**	**82.4**	**221**	**14.2**
批发业	635	635	100.0	459	72.3	96	15.1
零售业	924	923	99.9	825	89.4	125	13.5
交通运输、仓储和邮政业	**296**	**295**	**99.7**	**242**	**82.0**	**55**	**18.6**
铁路运输业	4	4	100.0	2	50.0	1	25.0
道路运输业	188	187	99.5	156	83.4	31	16.6
水上运输业	1	1	100.0	1	100.0	1	100.0
航空运输业	6	6	100.0	6	100.0	2	33.3
管道运输业							
多式联运和运输代理业	17	17	100.0	11	64.7	2	11.8
装卸搬运和仓储业	60	60	100.0	49	81.7	13	21.7
邮政业	20	20	100.0	17	85.0	5	25.0
住宿和餐饮业	**687**	**686**	**99.9**	**593**	**86.4**	**80**	**11.7**
住宿业	351	351	100.0	318	90.6	49	14.0
餐饮业	336	335	99.7	275	82.1	31	9.3

互联网广告		搜索引擎		电子商务平台		电子邮件		社交网站和即时通讯社交工具	
数量（个）	占使用互联网企业的比重（%）	数量（个）	占使用互联网企业的比重（%）	数量（个）	占使用互联网企业的比重（%）	数量（个）	占使用互联网企业的比重（%）	数量（个）	占使用互联网企业的比重（%）
2	33.3	4	66.7			5	83.3	5	83.3
1	33.3							3	100.0
13	26.0	7	14.0	5	10.0	19	38.0	12	24.0
2	28.6	1	14.3			4	57.1	2	28.6
				1	33.3	1	33.3		
6	42.9			1	7.1	4	28.6	2	14.3
1	50.0	1	50.0	1	50.0	1	50.0		
69	**21.2**	**30**	**9.2**	**15**	**4.6**	**87**	**26.8**	**49**	**15.1**
63	21.4	29	9.9	15	5.1	82	27.9	41	13.9
4	25.0					1	6.3	5	31.3
2	13.3	1	6.7			4	26.7	3	20.0
354	**22.7**	**144**	**9.2**	**88**	**5.6**	**606**	**38.8**	**318**	**20.4**
200	24.2	67	8.1	51	6.2	335	40.5	180	21.7
79	19.9	34	8.6	21	5.3	140	35.3	82	20.7
29	21.3	24	17.6	6	4.4	49	36.0	22	16.2
46	23.0	19	9.5	10	5.0	82	41.0	34	17.0
493	**31.6**	**138**	**8.9**	**242**	**15.5**	**419**	**26.9**	**432**	**27.7**
144	22.7	40	6.3	77	12.1	181	28.5	126	19.8
349	37.8	98	10.6	165	17.9	238	25.8	306	33.2
69	**23.4**	**16**	**5.4**	**21**	**7.1**	**95**	**32.2**	**75**	**25.4**
						1	25.0		
41	21.9	10	5.3	11	5.9	56	29.9	53	28.3
1	16.7					4	66.7	3	50.0
5	29.4	2	11.8	1	5.9	6	35.3	4	23.5
16	26.7	4	6.7	7	11.7	25	41.7	8	13.3
6	30.0			2	10.0	3	15.0	7	35.0
246	**35.9**	**51**	**7.4**	**142**	**20.7**	**136**	**19.8**	**166**	**24.2**
127	36.2	31	8.8	92	26.2	79	22.5	93	26.5
119	35.5	20	6.0	50	14.9	57	17.0	73	21.8

6-11 续表 2

行业	企业数(个)	使用互联网的企业		通过互联网进行宣传推广的企业		自有网站	
		数量(个)	比重(%)	数量(个)	占使用互联网企业的比重(%)	数量(个)	占使用互联网企业的比重(%)
信息传输、软件和信息技术服务业	**108**	**108**	**100.0**	**97**	**89.8**	**55**	**50.9**
电信、广播电视和卫星传输服务	50	50	100.0	48	96.0	29	58.0
互联网和相关服务	5	5	100.0	4	80.0	2	40.0
软件和信息技术服务业	53	53	100.0	45	84.9	24	45.3
房地产业	**1640**	**1628**	**99.3**	**1338**	**82.2**	**187**	**11.5**
房地产业	1640	1628	99.3	1338	82.2	187	11.5
租赁和商务服务业	**177**	**177**	**100.0**	**143**	**80.8**	**53**	**29.9**
租赁业	11	11	100.0	8	72.7	1	9.1
商务服务业	166	166	100.0	135	81.3	52	31.3
科学研究和技术服务业	**174**	**174**	**100.0**	**145**	**83.3**	**76**	**43.7**
研究和试验发展	6	6	100.0	6	100.0	3	50.0
专业技术服务业	162	162	100.0	134	82.7	69	42.6
科技推广和应用服务业	6	6	100.0	5	83.3	4	66.7
水利、环境和公共设施管理业	**45**	**45**	**100.0**	**40**	**88.9**	**14**	**31.1**
水利管理业	12	12	100.0	11	91.7		
生态保护和环境治理业							
公共设施管理业	33	33	100.0	29	87.9	14	42.4
土地管理业							
居民服务、修理和其他服务业	**20**	**20**	**100.0**	**17**	**85.0**	**2**	**10.0**
居民服务业	13	13	100.0	11	84.6	2	15.4
机动车、电子产品和日用产品修理业	3	3	100.0	3	100.0		
其他服务业	4	4	100.0	3	75.0		
教育	**26**	**26**	**100.0**	**25**	**96.2**	**10**	**38.5**
教育	26	26	100.0	25	96.2	10	38.5
卫生和社会工作	**61**	**61**	**100.0**	**54**	**88.5**	**20**	**32.8**
卫生	61	61	100.0	54	88.5	20	32.8
社会工作							
文化、体育和娱乐业	**97**	**97**	**100.0**	**88**	**90.7**	**28**	**28.9**
新闻和出版业	9	9	100.0	8	88.9	6	66.7
广播、电视、电影和录音制作业	27	27	100.0	26	96.3	7	25.9
文化艺术业	35	35	100.0	31	88.6	9	25.7
体育	3	3	100.0	1	33.3		
娱乐业	23	23	100.0	22	95.7	6	26.1

互联网广告		搜索引擎		电子商务平台		电子邮件		社交网站和即时通讯社交工具	
数量（个）	占使用互联网企业的比重（%）	数量（个）	占使用互联网企业的比重（%）	数量（个）	占使用互联网企业的比重（%）	数量（个）	占使用互联网企业的比重（%）	数量（个）	占使用互联网企业的比重（%）
47	**43.5**	**24**	**22.2**	**14**	**13.0**	**33**	**30.6**	**37**	**34.3**
28	56.0	14	28.0	8	16.0	15	30.0	17	34.0
1	20.0	2	40.0			2	40.0	1	20.0
18	34.0	8	15.1	6	11.3	16	30.2	19	35.8
582	**35.7**	**154**	**9.5**	**96**	**5.9**	**469**	**28.8**	**346**	**21.3**
582	35.7	154	9.5	96	5.9	469	28.8	346	21.3
65	**36.7**	**21**	**11.9**	**25**	**14.1**	**46**	**26.0**	**47**	**26.6**
2	18.2	2	18.2	2	18.2	4	36.4	3	27.3
63	38.0	19	11.4	23	13.9	42	25.3	44	26.5
33	**19.0**	**19**	**10.9**	**12**	**6.9**	**59**	**33.9**	**35**	**20.1**
2	33.3	1	16.7			5	83.3	2	33.3
29	17.9	18	11.1	10	6.2	52	32.1	33	20.4
2	33.3			2	33.3	2	33.3		
17	**37.8**	**7**	**15.6**	**5**	**11.1**	**9**	**20.0**	**19**	**42.2**
3	25.0	1	8.3			4	33.3	4	33.3
14	42.4	6	18.2	5	15.2	5	15.2	15	45.5
9	**45.0**	**3**	**15.0**	**2**	**10.0**	**6**	**30.0**	**8**	**40.0**
5	38.5	2	15.4	2	15.4	5	38.5	5	38.5
2	66.7	1	33.3					2	66.7
2	50.0					1	25.0	1	25.0
13	**50.0**	**6**	**23.1**	**1**	**3.8**	**7**	**26.9**	**9**	**34.6**
13	50.0	6	23.1	1	3.8	7	26.9	9	34.6
22	**36.1**	**11**	**18.0**	**2**	**3.3**	**15**	**24.6**	**20**	**32.8**
22	36.1	11	18.0	2	3.3	15	24.6	20	32.8
34	**35.1**	**10**	**10.3**	**25**	**25.8**	**24**	**24.7**	**28**	**28.9**
2	22.2	1	11.1	1	11.1	3	33.3	3	33.3
9	33.3	2	7.4	8	29.6	6	22.2	9	33.3
13	37.1	5	14.3	9	25.7	12	34.3	5	14.3
10	43.5	2	8.7	7	30.4	3	13.0	11	47.8

6-12 分地区企业互联网

地区	企业数(个)	使用互联网的企业		通过互联网进行宣传推广的企业数		自有网站		互联网广告	
		数量(个)	比重(%)	数量(个)	占使用互联网企业的比重(%)	数量(个)	占使用互联网企业的比重(%)	数量(个)	占使用互联网企业的比重(%)
全省	**8183**	**8163**	**99.8**	**6887**	**84.4**	**1588**	**19.5**	**2444**	**29.9**
兰州	2681	2672	99.7	2157	80.7	663	24.8	799	29.9
嘉峪关	243	243	100.0	207	85.2	27	11.1	82	33.7
金昌	274	274	100.0	229	83.6	46	16.8	74	27.0
白银	448	445	99.3	380	85.4	85	19.1	144	32.4
天水	683	680	99.6	605	89.0	138	20.3	223	32.8
武威	518	518	100.0	436	84.2	86	16.6	157	30.3
张掖	793	793	100.0	701	88.4	132	16.6	247	31.1
平凉	301	300	99.7	263	87.7	67	22.3	74	24.7
酒泉	614	610	99.3	511	83.8	67	11.0	175	28.7
庆阳	461	461	100.0	388	84.2	64	13.9	119	25.8
定西	507	507	100.0	439	86.6	103	20.3	151	29.8
陇南	351	351	100.0	300	85.5	48	13.7	100	28.5
临夏	193	193	100.0	168	87.0	36	18.7	59	30.6
甘南	116	116	100.0	103	88.8	26	22.4	40	34.5

宣传和推广情况

搜索引擎		电子商务平台		电子邮件		社交网站和即时通讯社交工具	
数量（个）	占使用互联网企业的比重（%）	数量（个）	占使用互联网企业的比重（%）	数量（个）	占使用互联网企业的比重（%）	数量（个）	占使用互联网企业的比重（%）
806	**9.9**	**896**	**11.0**	**2542**	**31.1**	**1962**	**24.0**
311	11.6	278	10.4	727	27.2	569	21.3
20	8.2	44	18.1	98	40.3	68	28.0
25	9.1	21	7.7	92	33.6	62	22.6
43	9.7	37	8.3	126	28.3	110	24.7
61	9.0	92	13.5	253	37.2	128	18.8
51	9.8	61	11.8	201	38.8	130	25.1
77	9.7	95	12.0	256	32.3	232	29.3
19	6.3	26	8.7	72	24.0	74	24.7
61	10.0	83	13.6	190	31.1	179	29.3
33	7.2	40	8.7	148	32.1	114	24.7
39	7.7	52	10.3	158	31.2	138	27.2
20	5.7	35	10.0	119	33.9	82	23.4
29	15.0	18	9.3	69	35.8	48	24.9
17	14.7	14	12.1	33	28.4	28	24.1

6-13 分行业企业开展

行业	有电子商务交易的企业数(个)	有电子商务销售的企业			
		数量(个)	金额(万元)	B2B	
				企业数量(个)	金额(万元)
总计	**614**	**463**	**5063671**	**297**	**4436467**
采矿业	**3**				
煤炭开采和洗选业	3				
石油和天然气开采业					
黑色金属矿采选业					
有色金属矿采选业					
非金属矿采选业					
开采专业及辅助性活动					
其他采矿业					
制造业	**136**	**90**	**1651187**	**69**	**1558405**
农副食品加工业	35	28	10345	22	8228
食品制造业	12	11	2175	7	827
酒、饮料和精制茶制造业	9	7	957	5	419
烟草制品业	1	1	1501034	1	1501034
纺织业	1	1	89		
纺织服装、服饰业	1	1	2779	1	2779
皮革、毛皮、羽毛及其制品和制鞋业	2	2	860	2	860
木材加工和木、竹、藤、棕、草制品业					
家具制造业	1	1	1	1	1
造纸和纸制品业	1	1	11		
印刷和记录媒介复制业	1				
文教、工美、体育和娱乐用品制造业	1	1	260	1	260
石油、煤炭及其他燃料加工业	2				
化学原料和化学制品制造业	15	11	5616	11	4619
医药制造业	10	7	1263	5	618
化学纤维制造业					
橡胶和塑料制品业	2	2	25	2	23
非金属矿物制品业	15	3	31807	2	31789
黑色金属冶炼和压延加工业	2				
有色金属冶炼和压延加工业	5	1	84675		
金属制品业	4	2	5495	1	3882
通用设备制造业	2	1	1500	1	1500
专用设备制造业	6	3	339	1	120

电子商务交易情况

B2C		向大陆以外区域销售		有电子商务采购的企业		从大陆以外区域采购	
企业数量（个）	金额（万元）	企业数量（个）	金额（万元）	数量（个）	金额（万元）	企业数量（个）	金额（万元）
267	**627204**	**7**	**3121**	**294**	**7848162**	**9**	**63191**
				3	**209**		
				3	209		
47	**92782**	**5**	**2211**	**89**	**6218698**	**5**	**63061**
16	2116	1	15	19	3633		
5	1348			5	35	1	15
6	538			5	90		
1	89						
		1	10				
1	11						
				1	2		
				1	400		
				2	365854	1	2237
4	997			10	115063		
5	644	1	13	8	724		
1	2						
1	18			14	76918		
				2	5182240	1	60636
1	84675			4	437277		
2	1613	1	1850	4	697	1	152
				1	17000		
2	219			5	17269		

6-13 续表 1

行业	有电子商务交易的企业数(个)	有电子商务销售的企业			
		数量(个)	金额(万元)	B2B	
				企业数量(个)	金额(万元)
汽车制造业					
铁路、船舶、航空航天和其他运输设备制造业					
电气机械和器材制造业	5	4	1372	4	1172
计算机、通信和其他电子设备制造业	1	1	577	1	265
仪器仪表制造业	1				
其他制造业					
废弃资源综合利用业	1	1	8	1	8
金属制品、机械和设备修理业					
电力、热力、燃气及水生产和供应业	**10**				
电力、热力生产和供应业	9				
燃气生产和供应业					
水的生产和供应业	1				
建筑业	**42**	**5**	**51**	**5**	**51**
房屋建筑业	18	3	43	3	43
土木工程建筑业	17	1		1	
建筑安装业	4	1	8	1	8
建筑装饰、装修和其他建筑业	3				
批发和零售业	**146**	**130**	**2399244**	**88**	**2290276**
批发业	49	47	2273897	38	2256911
零售业	97	83	125347	50	33365
交通运输、仓储和邮政业	**10**	**6**	**424**	**3**	**67**
铁路运输业					
道路运输业	4	3	380	1	65
水上运输业					
航空运输业					
管道运输业					
多式联运和运输代理业					
装卸搬运和仓储业	5	2	2	2	2
邮政业	1	1	42		
住宿和餐饮业	**170**	**165**	**33143**	**93**	**9447**
住宿业	125	124	24901	65	7395
餐饮业	45	41	8242	28	2051

B2C		向大陆以外区域销售		有电子商务采购的企业		从大陆以外区域采购	
企业数量（个）	金额（万元）	企业数量（个）	金额（万元）	数量（个）	金额（万元）	企业数量（个）	金额（万元）
1	200			5	1165		
1	312	1	323	1	319	1	21
				1			
				1	12		
				10	**21735**		
				9	21733		
				1	3		
				40	**89930**		
				17	1374		
				16	87607		
				4	914		
				3	34		
72	**108968**	**1**	**550**	**65**	**1511153**	**2**	**104**
17	16986	1	550	24	1479235	1	100
55	91982			41	31918	1	4
5	**357**			**4**	**318**		
3	315			1	8		
1				3	311		
1	42						
99	**23696**			**43**	**587**		
82	17505			30	458		
17	6191			13	129		

6-13 续表 2

行业	有电子商务交易的企业数(个)	有电子商务销售的企业			
		数量(个)	金额(万元)	B2B 企业数量(个)	B2B 金额(万元)
信息传输、软件和信息技术服务业	**19**	**15**	**65298**	**7**	**4138**
电信、广播电视和卫星传输服务	16	13	63715	6	4106
互联网和相关服务	1	1	1518		
软件和信息技术服务业	2	1	65	1	32
房地产业	**24**	**6**	**2312**	**6**	**2257**
房地产业	24	6	2312	6	2257
租赁和商务服务业	**13**	**12**	**892938**	**7**	**566366**
租赁业	2	2	5961	1	1665
商务服务业	11	10	886977	6	564701
科学研究和技术服务业	**7**	**3**	**33**	**3**	**23**
研究和试验发展					
专业技术服务业	5	1	1	1	1
科技推广和应用服务业	2	2	32	2	22
水利、环境和公共设施管理业	**7**	**6**	**1549**	**6**	**1493**
水利管理业					
生态保护和环境治理业					
公共设施管理业	7	6	1549	6	1493
土地管理业					
居民服务、修理和其他服务业	**1**	**1**	**406**	**1**	**406**
居民服务业	1	1	406	1	406
机动车、电子产品和日用产品修理业					
其他服务业					
教育	**2**	**1**	**3454**		
教育	2	1	3454		
卫生和社会工作	**1**	**1**	**18**	**1**	**14**
卫生	1	1	18	1	14
社会工作					
文化、体育和娱乐业	**23**	**22**	**13615**	**8**	**3526**
新闻和出版业	2	2	2		
广播、电视、电影和录音制作业	9	9	6208	2	728
文化艺术业	8	7	3253	5	2797
体育					
娱乐业	4	4	4150	1	1

B2C		向大陆以外区域销售		有电子商务采购的企业		从大陆以外区域采购	
企业数量（个）	金额（万元）	企业数量（个）	金额（万元）	数量（个）	金额（万元）	企业数量（个）	金额（万元）
11	**61161**			**6**	**859**		
9	59610			5	849		
1	1518						
1	33			1	10		
4	**55**			**18**	**173**	**1**	**1**
4	55			18	173	1	1
8	**326572**			**3**	**747**		
1	4296						
7	322276			3	747		
1	**10**			**4**	**3328**		
				4	3328		
1	10						
2	**56**			**3**	**30**		
2	56			3	30		
1	**3454**			**2**	**46**		
1	3454			2	46		
1	**4**						
1	4						
16	**10089**	**1**	**360**	**4**	**350**	**1**	**25**
2	2						
7	5480			1	50		
4	456	1	360	3	300	1	25
3	4149						

6-14 分地区企业开展

地区	有电子商务交易的企业数(个)	有电子商务销售的企业		B2B	
		数量(个)	金额(万元)	企业数量(个)	金额(万元)
全省	**614**	**463**	**5063671**	**297**	**4436467**
兰州	195	146	3095308	70	2651526
嘉峪关	33	28	52113	21	49428
金昌	31	22	63462	19	53857
白银	34	24	154172	22	152847
天水	65	54	254440	41	247133
武威	31	23	204781	19	163972
张掖	59	34	107627	25	102387
平凉	18	13	146431	8	145957
酒泉	58	48	139792	17	117066
庆阳	17	13	181811	9	180777
定西	24	16	280321	12	195245
陇南	27	22	223660	19	219988
临夏	10	10	94171	8	93875
甘南	12	10	65581	7	62411

电子商务交易情况

B2C		向大陆以外区域销售		有电子商务采购的企业		从大陆以外区域采购	
企业数量（个）	金额（万元）	企业数量（个）	金额（万元）	数量（个）	金额（万元）	企业数量（个）	金额（万元）
267	**627204**	**7**	**3121**	**294**	**7848162**	**9**	**63191**
102	443782	2	565	78	1119333	2	2337
9	2686			11	5256599	1	60636
7	9605	2	2210	17	36605	2	177
12	1325			20	312452		
30	7307	2	333	33	188842	2	25
7	40809			15	110447	2	16
19	5241			45	62167		
7	474			7	113351		
33	22726			20	91925		
7	1035			9	172883		
9	85076	1	13	15	122262		
14	3673			20	156957		
3	297			1	63625		
8	3171			3	40717		

附　录

主要指标解释

主要指标解释

房屋施工面积　指报告期内施工的全部房屋建筑面积。包括本期新开工的房屋建筑面积、上期跨入本期继续施工的房屋建筑面积、上期停缓建在本期恢复施工的房屋建筑面积、本期竣工的房屋建筑面积以及本期施工后又停缓建的房屋建筑面积。多层建筑应填各层建筑面积之和。

房屋新开工面积　指报告期内新开工建设的房屋建筑面积，以单位工程为核算对象，即整栋房屋的全部建筑面积，不能分割计算。不包括在上期开工跨入本期继续施工的房屋建筑面积和上期停缓建而在本期复工的房屋建筑面积。房屋的开工应以房屋正式开始破土刨槽（地基处理或打永久桩）的日期为准。

房屋竣工面积　指报告期内房屋建筑按照设计要求已全部完工，达到住人和使用条件，经验收鉴定合格或达到竣工验收标准，可正式移交使用的各栋房屋建筑面积的总和。

竣工面积以房屋单位工程（栋）为核算对象，在整栋房屋符合竣工条件后按其全部建筑面积一次性计算，而不是按各栋施工房屋中已完成的部分或层次分割计算。

商品房销售面积　指报告期内出售商品房屋的合同总面积（即双方签署的正式买卖合同中所确定的建筑面积）。商品房销售面积由现房销售面积和期房销售面积两部分组成。

（1）现房销售面积：指在报告期内正式签订买卖合同、已经竣工达到入住条件的商品房屋建筑面积。包括以一次性付款方式和分期付款方式销售的现房建筑面积。

（2）期房销售面积：指在报告期内正式签订买卖合同、正在建设尚未竣工交付使用的商品房屋建筑面积。包括以一次性付款方式和分期付款方式销售的商品房屋建筑面积。期房销售建筑面积竣工后不再结转为现房销售建筑面积。

商品房销售额　指报告期内出售商品房屋的合同总价款（即双方签署的正式买卖合同中所确定的合同总价）。该指标与商品房销售面积同口径，由现房销售额和期房销售额两部分组成。

（1）现房销售额：指报告期内销售的已竣工商品房屋的合同总价款。包括现房销售前期预收的定金、预收款、首付款及全部按揭贷款的本金等款项。该指标与现房销售面积同口径。

（2）期房销售额：指报告期内销售的正在建设尚未竣工的商品房屋的合同总价款。包括预售房屋前期预收的定金、预收款、首付款及全部按揭贷款的本金等项。该指标与期房销售面积同口径。

房屋竣工价值　指报告期内按规定已经上报竣工的房屋本身的建造价值。一般按房屋设计和预算规定的内容计算。包括竣工房屋本身的基础、结构、屋面、装修以及水、电、卫等附属工程的建筑价值；也包括作为房屋建筑组成部分而列入房屋建筑工程预算内的设备（如电梯、通风设备等）的购置和安装费用。不包括厂房内的工艺设备、工艺管线的购置和安装，工艺设备基础的建造；室外的水、暖、电、卫、道路工程、挡土墙等环境工程的费用；办公和生活用家具的购置等费用；购置土地的费用；迁移补偿费和场地平整的费用及城市建设配套投资。

房屋竣工价值不仅包括该竣工房屋在报告期内完成的价值，也包括跨年施工的房屋在本期以前完成的价值。未竣工而转让给其他单位的房屋建筑工程，出让单位不计算竣工价值，待接受单位继续施工并符合竣工条件后，由接受单位计算其竣工价值，包括出让单位在出让前所完成的价值。房屋竣工价值一般按结算价格（或中标价）计算。

待开发土地面积　指经有关部门批准，通过各种方式获得土地使用权，但尚未开工建设的土地面积。

本年土地购置面积　指在本年内通过各种方式获得土地使用权的土地面积。

资产总计　指企业过去的交易或者事项形成的、由企业拥有或者控制的、预期会给企业带来经济利益的资源。包括企业拥有的土地、办公楼、厂房、机器、运输工具、存货等实物资产和现金、存款、应收账款和预付账款等金融资产。资产一般按流动性（资产的变现或耗用时间长短）分为流动资产和非流动资产。其中流动资产可分为货币资金、交易性金融资产、应收票据、应收账款、预付款项、其他应收款、存货等；非流动资产可分为长期股权投资、固定资产、无形资产及其他非流动资产等。根据会计“资产负债表”中“资产总计”项目的期末余额数填报。

负债合计　指企业过去的交易或者事项形成的，预期会导致经济利益流出企业的现时义务。包括银行贷款、借款、应付账款、应付职工工资、应付职工福利费、应交税金等企业负有偿还责任的债务。

负债一般按偿还期长短分为流动负债和非流动负债。根据会计资产负债表中“负债合计”项目的期末余额数填报。执行企业会计准则或《小企业会计准则》的企业：负债合计=流动负债合计+非流动负债合计；执行其他企业会计制度的企业负债包括流动负债和长期负债。

主营业务收入　指企业确认的销售商品、提供劳务等主营业务的收入。根据会计“主营业务收入”科目的期末贷方余额填报。执行2006年《企业会计准则》的企业，如未设置该科目，以“营业收入”代替填报。

土地转让收入　指房地产开发企业按国家规定在报告

期转让已经开发的土地和未经开发的土地所得到的收入。根据会计“利润表”和相关核算资料计算填报。

商品房屋销售收入 指房地产开发企业在报告期售出商品房屋的收入，一次收款的，一次性全部计入销售收入，按合同规定分期收款的，可按合同规定的时间分次计入收入。根据会计“利润表”和相关核算资料计算填报。

房屋出租收入 指房地产开发企业在报告期内，在不改变现有财产所有权关系的条件下，将企业的全部或部分房屋出租给其他单位或个人使用所得到的租金收入。根据会计“利润表”和相关核算资料计算填报。

其他（主营业务）收入 指房地产开发企业在报告期内从事除以上收入外的其他业务活动所得到的收入，包括配套设施销售收入、代建工程结算收入等。根据会计“利润表”和相关核算资料计算填报。

年末从业人数 指报告期末最后一日在本单位工作，并取得工资或其他形式劳动报酬的人员数。

年末零售营业面积 指批发和零售业企业用于本企业从事零售业务的对外营业的面积，不包括其办公用房、仓库、加工场地以及对外出租场地。按年末实有建筑面积统计。

年末餐饮营业面积 指住宿和餐饮业企业对外提供餐饮服务的就餐面积和从事食品加工、烹饪、调制的厨房面积，不包括办公用房和仓库等面积。按年末实有建筑面积统计。

营业收入 指企业经营主要业务和其他业务所确认的收入总额。营业收入包括“主营业务收入”和“其他业务收入”。根据会计“利润表”中“营业收入”项目的本年累计数填报。